Arena-Taschenbuch
Band 377

Carola Schäfer (Hrsg.)

Einmal werden wir noch wach

Das große Weihnachtsgeschichtenbuch

Arena

1. Auflage dieser Anthologie 1998 als Originalausgabe im
Arena-Taschenbuchprogramm
© 1998 by Arena Verlag GmbH, Würzburg
Alle Rechte dieser Ausgabe vorbehalten
Quellennachweis: siehe Seite 236
Umschlagillustration und Vignetten: Daniele Winterhager
Gesamtherstellung: Westermann Druck Zwickau GmbH
ISSN 0518-4002
ISBN 3-401-00377-1

Kapitel I

»Advent, Advent . . .« –
Die Weihnachtszeit beginnt

Kapitel II
»Von drauß vom Walde komm ich her« –
Geschichten vom Nikolaus und seinen Gesellen

Kapitel III

»Kinder, kommt und ratet, was im Ofen bratet« –
... vom Plätzchenbacken und Naschen

Kapitel IV

Geschichten von heimlichen Wünschen und unerwarteten Geschenken

Kapitel V

Geschichten von glücklichen Weihnachtsengeln und von kleinen Weihnachtsbären

Kapitel VI

»... und überall auf den Tannenspitzen ...« –
Geschichten von Weihnachtsbäumen
und Weihnachtssternen

Kapitel VII

»Es war einmal . . .« –
Weihnachtsgeschichten aus alter und neuer Zeit

Kapitel I

»Advent, Advent . . .« –
Die Weihnachtszeit beginnt

JUTTA BUTSCHKAU

Der Adventskalender

Am 30. November saß Ännchen auf dem Bettrand und hielt einen schönen, bunten Adventskalender nachdenklich in den Händen. Die Mutter hatte ihn ihr beim Gutenachtsagen gegeben und dazu gesagt: »In diesem Jahr wirst du die Fenster deines Adventskalenders hoffentlich nicht wieder vorher aufmachen!« Dann war sie schnell hinausgegangen, ohne eine Antwort abzuwarten.

Ännchen wusste genau, was damit gemeint war. Im vergangenen Jahr hatte sie nämlich aus lauter Neugier schon am 4. Dezember alle Fensterchen des Adventskalenders geöffnet. Die Eltern waren traurig darüber gewesen und Ännchen selbst hatte keine Freude mehr an dem Kalender gehabt.

Die Kleine seufzte. Wenn man doch nur wüsste, was hinter den Fenstern zu sehen war! Zum Beispiel am Nikolaustag und dann am 2. Advent . . . oder gar am Heiligen Abend!

Ännchens gute Vorsätze schmolzen dahin wie die Eisblumen am Fenster, wenn man sie anhauchte. Ganz, ganz vorsichtig lupfte sie das Fensterchen zum 1. Dezember. HALT!, stand dahinter mit dicken, roten Buchstaben und einem Ausrufezeichen.

Ännchen erschrak. Was sollte das bedeuten? Sie hatte einen Stern oder ein Licht erwartet. Was war das nur für ein merkwürdiger Adventskalender? Kurz entschlossen machte sie noch ein paar Fenster auf: Kein Spielzeug, kein Tannenzweig, keine Kerze waren zu sehen – es gab nur Worte, nichts als Worte!

Ännchen nahm einen Bleistift und schrieb hintereinander auf, was an jedem Tag bis zum 24. Dezember zu lesen war. Es kam ein Vers heraus:

>>Halt! Was hast du uns versprochen?
Du wolltest doch in diesen Wochen,
Wo wir uns auf das Christkind freun,
Nicht mehr Fräulein Neugier sein!<<

Ännchen schämte sich schrecklich. Aber was half es noch? Gar nichts mehr. Sie legte den Kalender auf den

Tisch, schlüpfte ins Bett und schämte sich weiter, bis sie schließlich darüber einschlief.

Als sie am Morgen erwachte und mit schlechtem Gewissen zum Tisch hinüberschaute, machte sie große Augen. Der Tisch war leer, aber an der Wand neben dem Bett hing ein neuer Adventskalender mit lauter geschlossenen Fensterchen. Im Nu war Ännchen aus dem Bett gesprungen und hatte das Fenster zum 1. Dezember aufgemacht: Ein goldener Stern leuchtete ihr entgegen.

Ob ihr es nun glaubt oder nicht: Ännchen war von ihrer Neugier geheilt. Diesmal öffnete sie täglich nur ein einziges Fensterchen und freute sich an ihrem Adventskalender bis zum Heiligen Abend.

INGRID UEBE

Adventskranz

Anna ist umgezogen. Alles ist anders als vorher: die Stadt, die Straße, das Haus und die Wohnung. Die Schule natürlich auch!

Anna hat sich noch nicht so ganz eingelebt. Sie denkt oft an ihre alte Lehrerin und an alle, mit denen sie früher gelernt und gespielt hat.

Dabei geht Anna eigentlich gern in die neue Schule. Die Lehrerin ist lieb und lustig und schimpft nur ganz selten. Auch die Kinder kommen Anna freundlich entgegen. Trotzdem fühlt sie sich immer noch fremd. In der Pause steht sie meist allein auf dem Hof und schaut den anderen zu. Am nettesten findet sie Jessi und Nico und Melanie. Aber sie kann es ihnen nicht zeigen.

Anfang Dezember basteln Anna und Mama einen

großen Adventskranz fürs Wohnzimmer. Und dann basteln sie gleich noch einen kleinen fürs Kinderzimmer.

Sonntagnachmittag zündet Papa im Wohnzimmer die erste Kerze an.

»Schön!«, sagt Anna. »Aber nachher will ich meine eigene Kerze anzünden.«

Das darf sie natürlich. Sie darf nur nicht kokeln. Anna verspricht es. Anschließend sitzt sie im Kinderzimmer und schaut in die kleine Flamme. Ganz allein. Der Adventskranz gefällt ihr, das Alleinsein weniger.

»Hör mal«, sagt Mama beim Abendbrot, »willst du nächsten Sonntag nicht jemanden einladen?«

»Wen denn?«, fragt Anna.

»Na, jemanden aus deiner Klasse.«

Aber Anna zuckt nur die Achseln.

Die Woche vergeht. Am Freitag schiebt Jessi ein winziges Schokoladentäfelchen zu Anna hinüber. »Vom Nikolaus«, sagt sie, »für dich!«

Anna wird es vor Freude ganz warm. »Oh, danke!«, ruft sie. »Willst du mich nicht Sonntag besuchen? Ich habe einen Adventskranz für mich ganz allein.«

Jessi findet das toll.

Am Sonntag zünden sie und Anna im Kinderzimmer zwei Kerzen an. Jede eine.

»Nächsten Sonntag komme ich wieder!«, sagt Jessi.

Die Woche vergeht. Am Freitag fragt Nico, ob Anna
Lust hat am Mittwoch zu seinem Geburtstag zu kommen.

»Na klar!«, ruft Anna. »Wenn du willst, kannst du mich
auch mal besuchen. Vielleicht schon am Sonntag. Ich
habe einen Adventskranz für mich ganz allein.«

Nico findet das toll.

Am Sonntag zünden er und Jessi und Anna im Kinderzimmer drei Kerzen an. Jeder eine.

»Nächsten Sonntag kommen wir wieder!«, sagen Jessi
und Nico.

Die Woche vergeht. Am Freitag geht Melanie zusammen mit Anna nach Hause. Anna hat gar nicht gewusst,
dass sie denselben Weg haben. Vor der Haustür bleiben
sie stehen.

»Siehst du, hier wohne ich«, sagt Anna. »Komm mich
doch mal besuchen. Vielleicht nächsten Sonntag. Ich
habe einen Adventskranz für mich ganz allein.«

Melanie findet das toll.

Am Sonntag zünden sie und Nico und Jessi und Anna
im Kinderzimmer vier Kerzen an. Jeder eine.

Mama bringt einen Teller mit Plätzchen und lacht.

»Vier Kinder – vier Kerzen!«, sagt sie. »Und alle strahlen
nur so.«

MIRA LOBE

Ronnis allererster Advent

Draußen war graues Novemberwetter. Keine Spur von Schnee. Der bunte Adventskalender hing an der Wand und Ronni klappte das erste Fenster auf. Dafür durfte Gisela das erste Licht anzünden. Als ob es nicht auch einmal umgekehrt sein könnte!, dachte Ronni. Als ob ich nicht längst mit Streichhölzern umgehen kann und Kerzen anzünden – und all so was! Aber nein: Gisela ist die große Schwester und ich bin und bleib der Kleine! Manchmal hätte er wirklich zerspringen können vor Zorn.

Der Vater räusperte sich feierlich und stimmte ein Adventslied an: »Leise rieselt der Schnee . . .«

Die Mutter und Gisela sangen mit.

»Rieselt ja gar nicht!«, brummte Ronni dazwischen.

Der Vater warf ihm einen strengen Blick zu, die Mutter einen vorwurfsvoll bittenden, machten aber gleich wieder fromme Gesichter und sangen weiter, in der Hoffnung, dass auch Ronni ein frommes Gesicht machen und mitsingen würde.

Als Nächstes kam »Tochter Zion, freue dich!« dran. Ronni wartete den Schluss ab und fragte, ob dieser Zion eigentlich nur eine Tochter gehabt hätte und keinen Sohn, der sich bestimmt genauso gern freuen würde.

Gisela verdrehte die Augen: »Jetzt fängt der Ronni wieder mit seiner Fragerei an!«

»Wer nicht fragt . . .«, rief Ronni und wollte den schönen Satz sagen, mit dem die Lehrerin am ersten Schultag die Kinder ermuntert hatte: Wenn ihr etwas nicht wisst, dann fragt! Wer nicht fragt, der bleibt dumm.

»Wer nicht fragt . . .«, rief er also, aber der Vater unterbrach ihn: »Wollt ihr singen oder streiten, ihr zwei? Ich dachte, wir feiern den ersten Advent?!«

Die Mutter nickte zustimmend und fing das nächste Lied an: »Kling, Glöckchen, klingelingeling . . .« Sie hatte eine hohe Stimme und der Vater fiel mit seiner tiefen ein: »Ist so kalt der Winter, lasst mich ein, ihr Kinder.« Bei der Zeile »Öffnet mir die Türen . . .« rüttelte es draußen an der Tür, aber nicht das Christkind wollte hereingelassen werden, sondern Mirko, der Kater. Mit hoch erhobenem Schwanz spazierte er ins Zimmer und

sprang sofort auf Ronnis Schoß. Dort war sein Lieblings-
platz; und von dort rührte er sich auch nicht mehr weg,
bis alle Lieder gesungen waren und die Kerze fast he-
runtergebrannt war.

Zwei Tage später machte Ronni am Morgen das dritte
bunte Fenster auf. Alles andere war wie sonst: ein ge-
wöhnlicher Wochentag mit Schule und Hausaufgaben
und Karotten zum Mittagessen, die Ronni nicht mochte.
Mit den Aufgaben war er schnell fertig; in der Ersten
bekamen sie noch nicht viel auf. Nur ein paar Sätze mit
Mama, Papa, Oma, Opa. »Der Papa ist im Haus. Die
Mama ist im Haus. Der Opa ist im Haus. Die Oma ist im
Haus.« Das Gleiche noch einmal mit »Hof«. »Der Papa
ist im Hof.« Er klappte das Heft zu.

»Du hast es gut!«, sagte Gisela neidisch. »Ich muss noch
Latein machen und Vokabeln lernen und . . .«

»Möchtest du lieber noch mal in die Erste gehen?«,
fragte Ronni.

»Nein. Den ganzen Zirkus von vorne? Das fehlte noch.«
Gisela schüttelte sich.

»Und jetzt lass mich in Ruhe, Ronni. Immer fängst du
mit deinem Gefrage an . . .«

Ronni hätte erwidern können, dass nicht er angefangen
hatte, sondern *sie*. Doch er schwieg und setzte sich auf
den Tisch neben den Ständer mit dem Adventskranz,
der an seinen roten Bändern hing. Wenn man den Kranz

anstupste, dann schaukelte er leise hin und her. Mirko
hob die Pfote und wollte auch stupsen, aber er traute
sich nicht, aus Angst vor den spitzen, grünen Nadeln.
»Advent . . .«, sagte Ronni halblaut, »Ad-vent . . .? Was
heißt denn das überhaupt?«
Gisela fuhr ihn an: »Ronni, du störst mich. Wie oft soll
ich dir noch sagen, dass ich lernen muss!«
»Ich will ja nur wissen, was das für ein Wort ist: Advent.
Wenn du schon so viel lernst und so schlau bist, dann
sag's mir doch. Aber du weißt es halt auch nicht.«
»Doch weiß ich's: ›Herankommen, sich nähern‹. Adve-
nio – ich komme heran, adveni – ich kam heran, adven-
tus, -a, -um – ich bin herangekommen.«
»*Du* doch nicht!«, widersprach Ronni. »Weihnachten
kommt heran. Josef und Maria kommen heran – nach
Bethlehem, zum Stall, wo das Kind geboren wird. Aber
erst am Heiligen Abend – und der ist noch weit, und das
ist ein Glück! Weil ich nämlich noch gar nicht weiß, was
ich den Eltern schenken soll. Und was du dir wünschst,
weiß ich auch nicht.«
»Ich wünsche mir, dass du mich in Ruhe lässt.«
Für ein paar Minuten war es still im Zimmer. Mirko lag
zusammengerollt auf Ronnis Knien und ließ sich sein
schwarzes Fell streicheln. Aus schmalen Augen blinzel-
te er schläfrig vor sich hin und schnurrte.
»Der erste Advent . . .«, sagte Ronni in die Stille hinein.

»Der war vorgestern! Ronald, ich warne dich!« Gisela zielte mit dem Radiergummi nach ihm.

»Den meine ich aber nicht – den von vorgestern. Ich meine den allerersten Advent, den von damals in Bethlehem. Glaubst du, dass sie es alle gewusst haben, dass etwas herankommt? Etwas Schönes – und dass sie sich darauf gefreut haben, so wie wir uns freuen?«

»Wer denn: ›Alle‹?«, fragte Gisela. »Josef und Maria haben es natürlich gewusst . . .«

Ronni lachte. »Na klar haben die's gewusst! Vater und Mutter werden doch wohl wissen, dass sie ein Kind kriegen. Und der Engel hat's gewusst, du weißt schon, der es den Hirten kundgemacht hat . . .«

Er legte eine kleine Pause ein und blickte zu der Schwester hin, ob sie merkte, wie vornehm er sich ausdrückte. »Kundgemacht« –: Er war stolz, dass ihm so ein feines Wort eingefallen war. Auch der holde Knabe im lockigen Haar fiel ihm ein. Ronni selbst hatte leider nur ganz glatte Haare und stellte sich den gelockten Knaben wunderhübsch vor.

»Maria und Josef haben's gewusst und der Engel . . .«, fuhr er fort, »weil Engel alles wissen – und die Schafe.«

»Die Schafe?«

Gisela betrachtete den Bruder, als käme er vom Mond.

»Ja. Die haben es viel früher erfahren als die Hirten. Den Hirten hat es der Engel ja erst in der Weihnachtsnacht

gesagt, wie das Kind schon da war. Aber die Schafe haben es schon am allerersten Advent gewusst.«

»Von wem denn?«

»Von den Wolkenschafen. Die sind ja auch dort oben am Himmel und haben zugehört, wie die Engel miteinander geredet haben. Da sind die Wolkenschafe heruntergekommen zu den Erdenschafen und haben es ihnen erzählt und die haben es dann Ochs und Esel im Stall weitergesagt.«

Ronni atmete tief ein und wieder aus, es klang wie ein erleichterter Seufzer. Er war sehr zufrieden mit seiner Geschichte. Und weil Gisela ihn fast mitleidig ansah, als ob sie ihn für schwachsinnig hielte, wiederholte er trotzig: »Die Tiere haben's gewusst. Noch vor den Hirten und den drei Königen . . .«

»Tiere wissen gar nichts!«, sagte Gisela scharf. »Du spinnst, Ronni! Tiere haben keinen Verstand und sind dumm.«

»Das ist nicht wahr. Tiere sind manchmal sehr klug. Bei einem Erdbeben zum Beispiel, wenn die Menschen noch gar keine Ahnung haben, da wissen es die Hunde schon lange davor.«

»Woher hast du das?«

»Von meiner Lehrerin.«

Gisela wandte sich wieder ihrem Heft zu. »Was hat denn dein Erdbeben mit Bethlehem und den Schafen zu

tun?«, murmelte sie. »Du bist selbst ein Schaf. So was Unlogisches!« Sie stopfte sich beide Zeigefinger in die Ohren, zum Zeichen, dass sie Ronnis Antwort nicht mehr hören wollte. Aber das war ihm egal. Und ob er logisch war oder unlogisch – das war ihm auch egal. Aus halb geschlossenen Augen schaute er vor sich hin, genau wie Mirko, und träumte sich seinen allerersten Advent zurecht . . .

Er sieht die Hirten des Nachts auf dem Felde. Sie schlafen alle, nur die Schafe sind wach und grasen. Und als nun die Wolkenschafe herunterkommen, da erschrecken sie nicht etwa, so wie später die Hirten vor dem Engel erschrecken werden, bis er ihnen sagt: Fürchtet euch nicht! Sie laufen gleich alle herbei und umringen die Wolkenschafe und erkundigen sich, wie es denn da oben im Himmel so ist: Ob sie dort Gras und Klee haben wie hier unten und ob es Spaß macht, wenn der Wind sie jagt . . . Aber die Wolkenschafe lassen sie kaum zu Wort kommen und fragen: »Wisst ihr denn nicht, was für ein Tag heute ist?«
Die Erdenschafe schütteln ihre wolligen Köpfe.
»Heute ist der erste Advent!«, sagen die Wolkenschafe.
»Es kommt etwas heran, eine stille, heilige Nacht, da wird ein Kind geboren, ein holder Knabe im lockigen Haar. Könnt ihr das, bitte, in Bethlehem dem Ochsen

und dem Esel ausrichten? Denn dort im Stall kommt das
Kind auf die Welt. Ihr wisst doch, wo Bethlehem ist?«
»Klar wissen wir das!«, sagen die Erdenschafe. »Aber
warum denn im Stall? Warum suchen die Eltern von
dem holden Knaben nicht was Besseres, eine Herberge
oder ein Hotel oder ein Zimmer bei einem freundlichen
Vermieter?«
»Weil die Eltern arm sind«, sagen die Wolkenschafe.
»Und zu armen Leuten – noch dazu, wenn sie gerade
ein Kind kriegen – sind die Vermieter nicht freundlich,
wie ihr glaubt.«
»Ochs und Esel werden umso freundlicher sein . . .«,
versprechen die Erdenschafe und die Wolkenschafe sa-
gen: »Über ihrem Stall wird ein Stern stehen.«
»Drei Könige werden kommen und die Hirten und viele
Engel, große und kleine. Die Hirten werden ihre Flöten
mitbringen und die Engel werden im Chor singen . . .«
»Wie schön!!«, sagen die Erdenschafe.
»Und wir sind auch dabei?«
»Na klar!«, nicken die Wolkenschafe. »Ihr wisst also
Bescheid. Und jetzt müssen wir heim. Schöne Advents-
grüße an Ochs und Esel.«
Damit fliegen sie wieder hinaus, geradewegs in den
Sternenhimmel, und die Erdenschafe schauen ihnen
nach. Noch in derselben Nacht laufen ein paar nach
Bethlehem, um die Botschaft zu überbringen. Es ist ein

weiter Weg, aber sie springen und hüpfen und galop-
pieren – und es dauert gar nicht lange, da sind sie dort.
Sie finden den Stall, und weil die Tür nur angelehnt ist,
können sie gleich hinein. Ochs und Esel staunen zuerst
über den Besuch mitten in der Nacht. Doch als sie die
Botschaft hören, sind sie glücklich. Der Ochs schnaubt
vor Freude, weil das Kind gerade in ihrem Stall zur Welt
kommen soll, und der Esel stellt beide Ohren auf, als
höre er schon die Engelchöre singen.

»Wir werden für das Kind unsere Krippe sauber
schlecken«, sagt der Ochs, »so sauber, dass sie glänzt
und wie neu ist.«

»Und dann werden wir die Krippe mit frischem Stroh
auspolstern!«, sagt der Esel.

»Nicht mit Stroh, sondern mit Heu!«, sagt der Ochs.
»Stroh ist hart und pikt. Heu ist weich und warm und
duftet.«

»Fein!«, rufen die Schafe.

»Und wenn das Kind schlafen will«, sagt der Esel,
»dann werden wir ihm die Fliegen wegwedeln mit unseren Schwänzen.«

So reden sie hin und her. Wer draußen am Stall vorbei-
kommt, der hört nur Muh und Mäh und Iii-ah und weiß
nicht, dass die Tiere ein langes echtes Adventsgespräch
führen.

Draußen wird es schon hell, als die Schafe endlich Ab-

schied nehmen. »Zu Weihnachten sehen wir uns wieder!«, sagen sie. »Also – bis dann.«

Sie traben den ganzen Weg zurück, und weil sie müde sind, geht es nicht halb so schnell wie auf dem Herweg. Die Hirten sind schon eine Weile wach und einer sagt: »Seltsam! Ich könnte schwören, dass die Herde kleiner ist als sonst.«

»Zählen wir!«, sagen die anderen. Aber als sie damit anfangen, rennen alle Schafe durcheinander, sodass die Hirten sich verzählen und immer wieder von vorne anfangen müssen. Bis sie es schließlich aufgeben. Erst gegen Mittag, als die Bethlehem-Schafe zurück sind und sich unauffällig unter die anderen mischen, sagt der eine Hirte: »Seltsam! Ich könnte wetten, dass die Herde genauso groß ist wie immer.«

Ronni kicherte leise, als er sich die Gesichter der Hirten vorstellte, die ganz verwirrt waren.

Sie hörten die Schafe blöken und verstanden nicht, was die aus Bethlehem Zurückgekehrten den auf dem Felde Gebliebenen von dem Adventsgespräch im Stall erzählten . . .

Mirko schnurrte. Draußen dämmerte es und das Zimmer war voll dunkler Schatten.

Von draußen kamen Schritte, die Tür ging auf und der Vater drehte das Licht an.

»Was ist denn hier los? Schlummerstunde? Gisela, du wirst dir die Augen verderben. Wieso sitzt du noch immer über den Aufgaben?«

»Weil der Ronni mich dauernd gestört hat. Mit lauter Dummheiten, mit Schafen und Ochsen und Eseln und seinem allerallerersten Advent.«

THEODOR FONTANE

Advent

*N*och ist der Herbst nicht ganz entflohn,
Aber als Knecht Ruprecht schon
Kommt der Winter hergeschritten,
Und alsbald aus Schnees Mitten
Klingt das Schlittenglöckleins Ton.

Und was jüngst noch, fern und nah,
Bunt auf uns herniedersah,
Weiß sind Türme, Dächer, Zweige
Und das Jahr geht auf die Neige
Und das schönste Fest ist da.

Tag, du, der Geburt des Herrn,
Heute bist du uns noch fern,
Aber Tannen, Engel, Fahnen
Lassen uns den Tag schon ahnen
Und wir sehen schon den Stern.

DAGMAR CHIDOLUE

Millie und der Adventskalender

Millie muss sich unbedingt den schönen Adventskalender anschauen, den Papa mitgebracht hat. Millie
hat Glück gehabt. Papa hat einen Kalender mit Schokolade gekauft. Nicht nur einen! Zwei! Weil Trudel auch
schon weiß, was Schokolade ist.
Trudels Kalender hängt über ihrem Bettchen. Papa hat
das Sandmännchen abgenommen und den Kalender
mit dem Weihnachtsmann drauf an den Nagel gehängt.
In Millies Zimmer muss der Teddykalender ein Weil-
chen verschwinden. Weil bis zum Heiligabend der Adventskalender an der Wand hängt.
Auf Millies Kalender ist ein Haus mit lauter Fenstern zu

sehen. Viele Kinder wollen von außen in die Fenster schauen. Das möchte Millie auch. Denn die Fenster sind eigentlich Türchen, die man öffnen kann. Und dahinter ist ein Stückchen Schokolade. Ganz bestimmt!

Einen Adventskalender darf man erst am ersten Dezember aufmachen. Und danach jeden Tag ein Türchen. Mama wird Millie sagen, wann der erste Dezember ist. Heute nicht. Und morgen auch nicht. Aber wann?

Was wohl hinter dem ersten Türchen steckt? Und hinter dem zweiten? Und dem dritten? Ein Schokoladenbär? Eine Schokoladenblume? Ein ganzes Schokoladenhaus? Millie kann raten, so viel sie will. Was drin ist, weiß sie erst, wenn sie das Türchen geöffnet hat.

Millie kann nicht gut warten, bis der erste Dezember da ist. Wer weiß, wann der kommt. Sie will nur ein bisschen wissen, was sich hinter den Fensterchen verbirgt. Eine Schokoladenmaus? Mit dem Fingernagel pult Millie an einem Türchen. Nur an dem, das ganz unten ist. Merkt doch keiner. Ein Eckchen öffnet sich. Eine Schokoladenente? Millie muss das Fenster leider ganz weit aufmachen. Erst dann kann sie sehen, was dahinter ist. *Ein Schokoladenstern.* Sieht gut aus. Huch. Jetzt flutscht er raus und fällt auf den Boden. Na, das geht doch nicht. Er muss wieder hinter das Türchen.

Der Schokoladenstern bleibt nicht kleben. Er öffnet wie von selber das Fenster und plumpst immer wieder auf

den Boden. Das ist nicht gut. Mama würde merken, dass Millie neugierig gewesen ist. Millie darf nicht neugierig sein. Was soll sie machen?

Sie könnte den Schokoladenstern aufessen. Dann ist er weg und kann nicht mehr runterplumpsen. Der Schokoladenstern schmeckt sehr gut. *Hmhmhm.* Er schmeckt nach *mehr.*

Millie muss noch ein Türchen öffnen. Das ganz, ganz oben ist. Das wird auch keiner merken. Schokoladenpilze schmecken auch *sehr, sehr* gut.

Nun ist aber genug. Sonst merkt es doch noch einer. Millie drückt die zwei leeren Türchen fest zu. Sie leckt sich über die Lippen. Lecker, lecker, lecker. Na, nun wird sie aber mal helfen den Adventskranz zu schmücken. Sie rennt in die Küche. Mama hat schon die Tischdecke abgenommen und den Adventskranz auf die nackte Tischplatte gelegt. Millie gibt Mama ein Küsschen.

»Du riechst aber gut«, sagt Mama und schnüffelt mit der Nase. »Du riechst wie Schokolade. Lecker, lecker, lecker. Hast du genascht, Millie?«

»Nein, nein«, sagt Millie und guckt woanders hin. Lieber rückt sie ein Stückchen von Mama ab, nimmt die Tischdecke und legt sie sich um die Schultern.

Papa, Mama und Trudel sitzen am Tisch, auf dem der Adventskranz geschmückt wird. Die Schwester hält

den Brummkreisel an den Bauch gedrückt. Millie wollte ihr den Kreisel eigentlich erst zu Weihnachten schenken.

Hat sie aber zu spät dran gedacht.

Millie geht mit der Tischdecke spazieren. »Und es waren Hirten auf dem Felde«, sagt sie.

»Oh«, sagt Papa. »Alle mal herhören. Millie spielt uns ein Theaterstück vor.«

»Nee«, sagt Millie und schämt sich. »Ist doch nur die Weihnachtsgeschichte.«

»Wie war das mit den Hirten, Millie?«, fragt Mama und hängt den Adventskranz an zwei roten Bändern über Kreuz am Ständer auf. Mama kann aber schöne Schleifen binden!

»Die Hirten haben die Schafe gehütet«, sagt Millie. »Oder die Ziegen. Einige Leute haben gepennt.«

»Geschlafen«, sagt Papa.

»Und dann kam ein Engel und hat sie aufgeweckt und ihnen eine Geschichte erzählt, die vom Jesuskind und der Krippe und den Windeln. Und die Hirten sollten da mal hinmarschieren und Geschenke bringen. Wieso haben die Hirten denn den Engel verstanden, Papa? Welche Sprache sprechen Engel?«

»Wahrscheinlich können Engel alle Sprachen der Welt«, sagt Papa. »Ich weiß das aber nicht so genau.«

»Kriegt auch keiner raus«, sagt Millie. »Engel gibt's

nicht mehr, höchstens Schutzengel, wenn man über die Straße geht, aber die reden auch nicht mit einem.«

»Hauptsache, du tust, was dein Schutzengel will«, sagt Mama.

»Links gucken, rechts gucken, links gucken«, sagt Millie. »Ich weiß schon.«

»Na, wunderbar«, sagt Mama.

»Die Hirten rannten also hin, um das Baby zu sehen. *Oh,* sagten sie. *Ah.* Weil das Baby so schön war, viel schöner als Trudel, die war nämlich ganz schrumpelig und rot, weil sie immer so geschrien hat. Ich weiß das noch ganz genau, Trudel, jawohl.«

»Erzähl Trudel keine Geschichten«, sagt Papa.

»Tu ich doch«, sagt Millie. »Und sie stellten sich alle um die Krippe. Maria links und Josef rechts, daneben die Hirten. Und hinter ihnen standen ein Ochse und ein Esel und alle wurden dann fotografiert. Oder abgeschnitzt, damit die Leute später wussten, wie sie in echt aussahen.«

»Und wie weiter?«, fragt Papa. »Ich bin von deiner Geschichte ganz hingerissen.«

»Morgen geht die Geschichte weiter«, sagt Millie. »Ich muss sie ja erst im Kindergarten weiterhören. Oder du liest sie mir vor, Papa.«

»Nein, nein«, sagt Papa. »Ich kann bis morgen warten. Ich will meine Ruhe haben. Es wird Zeit, dass Weih-

nachten kommt und ich endlich Ferien machen kann. Ich werde von morgens bis abends faulenzen und all die wunderbaren Sachen essen, die zu Weihnachten gekocht werden.«

»Oh ja«, sagt Mama. »Wir wollen eine leckere Pute braten. Und vielleicht kochen wir noch einen Plumpudding, genauso einen, wie sie ihn in England zubereiten.«

»Plumpspudding?«, fragt Millie und hopst auf der Stelle. »Oh ja, ich möchte auch mal Plumpspudding essen.«

»Sitz doch mal einen Augenblick mit deinem Plumpspopo still und halt den Adventskranz fest, damit ich die Äpfel hineinstecken kann«, sagt Mama. Die Äpfel werden nämlich auf Zahnstocher gepikst und neben die Schleifen gesetzt. »Und dann hol mal die Tannenzapfen, Millielein«, sagt Mama.

Der Adventskranz sieht jetzt schon viel besser aus. Anders als die Kränze aus dem Kaufhaus, anders, aber sehr, sehr schön.

Und er soll noch besser werden.

Kapitel II

»Von drauß vom Walde komm ich her« – Geschichten von Nikolaus und seinen Gesellen

LISA WENGER

Der Esel des St. Nikolaus

Das weiß jedes Kind, dass St. Nikolaus einen Esel hat, um alle die unzähligen Säcke mit Nüssen, Äpfel, Lebkuchen und Ruten zu schleppen, die sein Herr braucht, wenn er am St.-Nikolaus-Tag zu den Kindern geht, um nachzufragen, ob sie auch artig gewesen das Jahr hindurch. Er hatte natürlich nicht immer denselben Esel während der vielen, vielen Jahre, in denen er die Städte und Dörfer durchzog; aber es waren doch immer Esel aus derselben Familie und fast immer sah einer aus wie der andere. Der Sohn folgte auf den Vater und der Vater war nach dem Großvater unverdrossen mit dem guten St. Nikolaus durch den Schnee gestampft.

Alle diese Eselchen sahen schön silbergrau aus und hatten eine schwarze Mähne und eine kleine schwarze

Quaste an ihren Schwänzen; alle waren fleißig und folgsam, wie es sich gehört, wenn man der Esel des St. Nikolaus sein will.

Als nun der Winter wieder einmal gekommen war, der Schnee in dicken Flocken zur Erde fiel und die Weihnachtszeit nahe war, da kam St. Nikolaus in den Stall, wo das Eselchen stand, klopfte ihm auf den glatten Rücken und sagte: »Nun, mein Graues, wollen wir uns wieder auf die Reise machen?«

Der Esel stampfte lustig mit den Füßen und wieherte leise. So zogen sie dann zusammen aus, der Esel hoch bepackt mit Säcken, St. Nikolaus in seinem dicken Schneemantel, mit hohen Stiefeln und großen Pelzhandschuhen. Wenn sie so durch das Feld zogen, knirschte der Schnee unter ihren Füßen und ihr Atem flog in großen Wolken um sie herum; aber St. Nikolaus lachte doch mit seinen fröhlichen alten Augen in die Welt hinein und das Eselchen schüttelte sich vor Vergnügen, sodass die silbernen Glöcklein weit über das Feld klangen.

Im nächsten Dorf kehrten sie ein; denn sie waren beide hungrig. St. Nikolaus stellte sein Eselchen in den Stall und setzte sich selbst in die warme Stube zu einem Teller Suppe. Im Stalle standen schon ein paar Pferde; auch ein Esel war unter ihnen und gerade neben diesen – es war ein großer Mülleresel – kam unser Eselchen zu stehen.

»Was bist denn du für ein Kauz?«, fragte der Große verächtlich.

»Ich bin der Esel des St. Nikolaus«, antwortete stolz unser Grauer.

»So«, höhnte der Mülleresel, »da bist du auch etwas Rechtes! Immer hinter dem Alten herlaufen; im Schnee stehen vor den Häusern; fast erfrieren und verhungern, ehe du wieder in deinen Stall kommst; keinen rechten Lohn; immer dasselbe Futter jahraus, jahrein; ich würde mir so etwas nicht gefallen lassen.«

»Ja, hast du es denn besser?«, fragte ganz erstaunt das Eselchen, »du musst doch auch Säcke tragen, oder nicht?«

»Natürlich«, prahlte der Esel, »aber nur, wenn ich will. Und zwischendurch laufe ich herum und gehe, wohin ich will. Habe ich Hunger, so komme ich heim und fresse, aber nicht nur dein lumpiges Heu, nein, Hafer, so viel es mir beliebt, und Brot und Zucker bringt man mir.«

Das Eselchen glaubte dem Aufschneider alles; denn beim St. Nikolaus hatte es natürlich nicht lügen gelernt. Solch ein Leben erschien ihm beneidenswert; denn Hafer, Brot und Zucker bekam es nur selten.

»Es war natürlich nicht immer so«, fuhr der Mülleresel fort, »aber einmal lief ich einfach davon und kam acht Tage nicht wieder heim. Seither lassen sie mich ma-

chen, was ich will. Weißt du was, lauf deinem Alten auch einmal davon und lass ihn seine Säcke allein schleppen. Du sollst sehen, wie es nachher anders wird. Lauf, lauf, die Türe ist eben offen und du bist nicht angebunden.«

Das Eselchen, das wirklich ein rechtes Eselchen war, wurde ganz verwirrt im Kopf von all dem Neuen, und da der große Esel ihm Respekt einflößte und man auf das Böse viel leichter hört als auf das Gute, es auch große Lust hatte einmal eine Reise auf eigene Faust zu machen, so besann es sich nicht lange und ging wirklich zur Türe hinaus. Dort schüttelte es sich, schlug übermütig aus, dass der Schnee davonstob, und galoppierte zum Hofe hinaus, über die Straße, durch den Kartoffelacker, und lief in den Wald. Dort sprang es hin und her, rannte mit den Hasen um die Wette, spielte mit den Hirschen und Rehlein und machte hohe Sprünge, um den Schnee abzuschütteln, der von den Tannen auf seinen Rücken fiel.

»Kroa, kroa, das ist ja dem St. Nikolaus sein Eselchen«, riefen ein paar Raben, die über das Feld geflogen kamen und den St. Nikolaus oft gesehen hatten, wenn er mit seinem Grauen über Land zog, »wie kommst du denn hierher?«

»Ganz allein«, sagte stolz das Eselchen, »und so bald gehe ich nicht wieder heim. Mir ist es verleidet, immer

Säcke zu tragen, und ich will nun ein wenig meine Freiheit genießen.«

»Und St. Nikolaus?«, fragten die Rehe und Hirsche und Hasen; denn sie kannten ihn alle.

»Oh der«, sagte das böse Eselchen, »muss sich halt einen andern suchen oder seine Säcke selber tragen.«

Es sprang davon, immer weiter in den Wald hinein. Da begegnete es einem Burschen mit einem Gewehr, der zwei Hasen geschossen hatte.

»Du kommst mir gerade recht!«, lachte er und schwang sich auf das Eselchen. Er war oben, ehe es recht wusste, wie ihm geschah, und all sein Bocken und Ausschlagen half ihm nichts. Der Bursche trieb es mit seinen Schuhen und seinem Kolben, wohin er wollte, und mehr als zwei Stunden musste es ihn durch den Wald tragen, bis er vor dem nächsten Dorf abstieg.

Das Eselchen war müde geworden und auch hungrig. Es lief auf eine große Wiese, um etwas Essbares zu suchen. Der Schnee war aber sehr hoch und hart gefroren und das Eselchen fand nicht das kleinste Kräutlein. Als es weiterlief, sah es am Ende der Wiese, hart am Waldesrand, ein altes Mütterchen gehen, das auf seinem Rücken eine große Bürde Holz schleppte. Mühsam und langsam ging es vorwärts und atmete schwer. Das Eselchen, das im Grunde gar ein liebes Eselchen war und bei St. Nikolaus nur Gutes gelernt hatte, ging ganz

nahe zu dem Mütterchen und blieb vor ihm stehen, senkte auch seinen Kopf und sah mit seinen klugen Augen die alte Frau so aufmunternd an, dass diese das Tier wohl verstand. Sogleich lud sie ihm ihr Holz auf den Rücken, tätschelte ihm den Hals und machte »Hü!« und das Eselchen trottete sänftiglich hinter dem Mütterchen her, bis sie das kleine Haus erreicht hatten, weit draußen vor dem Dorf.

Kaum war das Holz abgeladen, so kamen die Enkelkinder der Alten, sprangen um den Esel herum und schrien: »Ach, lass mich reiten, lass mich reiten!«

Das Eselchen, das von St. Nikolaus gelernt hatte die Kinder lieb zu haben, ließ sie reiten. Erst die Mädchen, dann die Buben, dann wieder die Mädchen und wieder die Buben; zuletzt saßen zwei auf, ritten gegen das Dorf, schrien »Hü!« und »Hott!« und schwangen ihre Mützen. Vor dem Dorf warf das Eselchen sie ab und es gab ein großes Gelächter und Geschrei. Darauf sprangen die Kinder heim; das Eselchen lief weiter und wusste nicht so recht, wohin es gehen sollte. Es war schon müde und Hunger und Durst hatte es auch. Es kam an einem Brunnen vorbei und wollte trinken; aber da war alles gefroren und nur tropfenweise rann das Wasser aus der Holzröhre. Das Eselchen leckte daran; aber es konnte damit seinen Durst nicht stillen. Auch zu fressen fand es nichts.

Langsam lief es in den Wald zurück und dachte an
seinen warmen Stall, an das gute Heu, das es immer
bekam, und an den guten St. Nikolaus, der ihm jedes
Mal dabei über den Rücken strich.

Traurig ging es vorwärts; hier und da fiel ein Tannenzapfen herunter oder es krachte ein dürrer Ast; aber
sonst war alles still. Die Dämmerung kam und dem
Eselchen wurde es unheimlich. Wenn es nur den Weg
gewusst hätte! Wenn es doch nur wieder daheim wäre,
dachte es betrübt und senkte den Kopf tief, tief herunter.

Nachdem der gute St. Nikolaus seine Suppe gegessen
hatte, ging er in den Stall, um das Eselchen herauszuho-
len. Aber da war kein Eselchen mehr. Er suchte es
überall und fragte die Leute, ob sie sein Eselchen nicht
gesehen hätten; aber niemand hatte es gesehen. Da kam
er auf die Straße und sah im Kartoffelacker Spuren von
kleinen Hufen. Er ging den Spuren nach und kam in den
Wald. Da krächzten über ihm ein paar Raben: »Kroa,
kroa, dein Eselchen ist im Wald.« Sie flogen vor ihm her
und zeigten ihm eine Weile den Weg. Als sie nicht mehr
weiterwussten, kamen die Hirsche und Rehe und sagten: »St. Nikolaus, dein Eselchen ist zum Dorf gelaufen.«
St. Nikolaus lief bis zum Dorf und war schon recht
müde. Da begegnete er einem Hasen, der über ein
Krautfeld lief. Der machte ein Männchen, dass die Löffel

kerzengerade in die Höhe standen, und sagte: »St. Nikolaus, dein Eselchen ist hinter dem Dorf im Wald; ich habe es eben gesehen. Es steht unter einer Tanne und lässt die Ohren hängen.«

Und richtig, als St. Nikolaus den Hügel hinter dem Dorf hinanstieg, sah er das Eselchen ganz traurig stehen. Es war so müde, dass es nicht einmal den Kopf wandte, als es Schritte hörte.

»Graues!«, rief St. Nikolaus.

Potztausend, was machte es da für einen Sprung und wie lief es hin zu St. Nikolaus, den es, obwohl es ganz dunkel war, gleich erkannte. Es wieherte vor Freude, schmiegte sich dicht an ihn und rieb seinen Kopf an dem weichen, wohl bekannten Pelzmantel.

»Aber, Graues«, sagte St. Nikolaus, »was machst du für Sachen!« Da schämte sich das Eselchen ganz gewaltig. St. Nikolaus nahm es am Zaum; die beiden guten Freunde trotteten durch den Schnee zur nächsten Herberge, und als das Eselchen auf sauberem Stroh im Stalle stand, das duftende Heu vor sich, und St. Nikolaus es hinter den Ohren kraulte, da dachte es bei sich: Diesmal bist du aber ein wirklicher Esel gewesen.

Und das ist die Geschichte von St. Nikolausens Eselchen.

IRINA KORSCHUNOW

Der kleine Flori und der Nikolaus

Der kleine Flori war vom ersten Schultag an ein ganz schlimmer Schlamper. Dauernd ließ er irgendetwas im Schulzimmer liegen, die Mütze oder seine Handschuhe, die Fibel, das Rechenbuch, die Tafel, ein Heft oder das Federmäppchen. Manchmal vergaß er sogar alles miteinander und lief mit leerem Schulranzen heim. Und es kam noch schlimmer: Eines Nachmittags nämlich, als Flori die vergessene Fibel holen wollte, lag sie nicht mehr auf seiner Bank; Flori suchte und suchte, aber die Fibel war wie weggeblasen. Am nächsten Tag konnte Flori das Rechenbuch nicht finden, am übernächsten Tag war die Tafel fort. Das war kurz vor dem Nikolaustag und die Mutter meinte: »Ich glaube, diesmal bringt der Nikolaus höchstens eine Rute.«

Aber das glaubte Flori auf keinen Fall. In den vergangenen Jahren war der Nikolaus immer nett zu ihm gewesen. Sicher würde er auch in diesem Jahr nichts von der
Schlamperei gemerkt haben und wieder die guten Mandellebkuchen mitbringen, die Flori so gerne aß und die
nur der Nikolaus hatte.
Ja, und dann kam er, der Nikolaus! Er pochte laut an der
Tür und stapfte herein in seinem roten Mantel und mit
der Bischofsmütze aus Gold. Auch einen vollen Sack
hatte er dabei und Flori schaute schon beim Beten nur
auf den Sack und überlegte, an welcher Stelle wohl die
Lebkuchen für ihn stecken mochten. Aber der Nikolaus
machte gar keine Anstalten Lebkuchen aus dem Sack zu
holen. Er sah den Flori mit gerunzelter Stirn an, so
streng wie noch nie.
»Warst du auch brav, Flori!«
»Ja«, sagte Flori schnell, obwohl er natürlich genau
wusste, dass das nicht ganz stimmte.
»Soso«, brummte der Nikolaus, »brav warst du? Und
immer recht ordentlich? Und du hast nie etwas ver-
schlampt oder vertrödelt?« Jetzt sagte Flori gar nichts
mehr. Nur sein Herz klopfte laut.
»Was meinst du wohl, was ich dir mitgebracht habe?«,
fragte der Nikolaus und griff nach seinem Sack.
»Ma-Ma-Mandellebkuchen«, stotterte Flori.
Aber der Nikolaus schüttelte den Kopf.

»Für Mandellebkuchen war im Sack kein Platz mehr«, sagte er, »weil ich doch so viele andere Dinge für dich einpacken musste. Hier, dies zum Beispiel . . . « Und was holte er aus dem Sack? Die Fibel!

»Und dies . . .« Das Rechenbuch!

»Und das . . . Und das . . .« Die Tafel, Floris Pudelmütze, den linken Handschuh, die Bastelschere, drei Bleistifte, eine Schachtel Malkreide – eins nach dem anderen holte der Nikolaus hervor. Nur keinen Mandellebkuchen, nicht einmal ein einziges Stück!

»Also dann bis zum nächsten Jahr, kleiner Flori«, meinte der Nikolaus freundlich. »Und wenn ich dann nicht so viel Trödelkram für dich mitbringen muss, hab ich auch sicher Platz für Lebkuchen.«

Und er stapfte wieder aus der Stube hinaus.

Da stand er, der Flori, und hatte nichts, überhaupt nichts vom Nikolaus bekommen! Eigentlich ist das eine traurige Geschichte.

Aber zum Glück geht sie gut aus. Weil nämlich der heilige Nikolaus ein guter Mann ist und weil sich der kleine Flori von diesem Tag an große Mühe gab und fast gar nichts mehr verschlampte, lag in der Woche vor Weihnachten auf einmal eine bunte Schachtel im Briefkasten. »An den kleinen Flori« stand darauf.

Könnt ihr euch denken, was in der Schachtel war? Mandellebkuchen natürlich, wie es sie nur beim Nikolaus gibt.

THEODOR STORM

Knecht Ruprecht

Von drauß, vom Walde komm ich her;
Ich muss euch sagen, es weihnachtet sehr!
Allüberall auf den Tannenspitzen
Sah ich goldene Lichtlein sitzen;
Und droben aus dem Himmelstor
Sah mit großen Augen das Christkind hervor.
Und wie ich so strolcht durch den finstern Tann,
Da rief's mich mit heller Stimme an:
»Knecht Ruprecht«, rief es, »alter Gesell,
Hebe die Beine und spute dich schnell!
Die Kerzen fangen zu brennen an,
Das Himmelstor ist aufgetan,
Alt und Junge sollen nun
Von der Jagd des Lebens einmal ruhn;

Und morg flieg ich hinab zur Erden,
Denn es soll wieder Weihnachten werden!«
Ich sprach: »Oh lieber Herre Christ,
Meine Reise fast zu Ende ist;
Ich soll nur noch in diese Stadt,
Wo's eitel gute Kinder hat.« –
»Hast denn das Säcklein auch bei dir?«
Ich sprach: »Das Säcklein, das ist hier;
Denn Apfel, Nuss und Mandelkern
Essen fromme Kinder gern.« –
»Hast denn die Rute auch bei dir?«
Ich sprach: »Die Rute, die ist hier;
Doch für die Kinder nur, die schlechten,
Die trifft sie auf den Teil, den rechten!«
Christkindlein sprach: »So ist es recht;
So geht mit Gott, mein treuer Knecht!«
Von drauß, vom Walde komm ich her;
Ich muss euch sagen, es weihnachtet sehr!
Nun sprecht, wie ich's hierinnen find!
Sind's gute Kind', sind's böse Kind'?

URSULA WÖLFEL

Nikolaus und Nikolaus

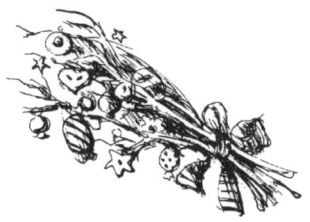

Cornelia hat in der Schule erzählt: »Zu mir kommt der Nikolaus immer nur nachts, wenn ich schlafe. Dann tut er mir leckere Sachen in meine Schuhe, aber gesehen habe ich ihn noch nie.«

Doch dann stapft am Nikolausabend etwas über den Vorplatz. Man hört, dass da jemand mit riesigen Stiefeln kommt, und er schnauft und hustet schrecklich. Dann schellt es und schellt und jemand ruft mit tiefer Stimme: »Cornelia! Cornelia! Komm her, der Nikolaus ist da!«

Cornelia will zuerst gar nicht zur Tür gehen, aber die Mutter lacht und schiebt sie vor sich her und der Vater sagt: »Ich bleibe ja in der Nähe!«

Cornelia macht die Tür auf und da steht ein Nikolaus, kaum größer als sie selbst!

Er trägt einen braunen Pelzmantel, der geht ihm bis auf die großen Gummistiefel. Eine rote Zipfelmütze hat er sich tief in die Stirn gezogen und natürlich hat er auch einen Sack auf dem Rücken und am Kinn einen Bart.

»Ich bin der Nikolaus!«, sagt er. »Du bist ja immer ein liebes Kind gewesen, Cornelia. Willst du auch immer so lieb bleiben? Dann sehe ich mal nach, was ich für dich in meinem Sack habe.«

Ehe Cornelia antworten kann, hört man schon wieder etwas stapfen und brummen und prusten – und da kommt noch ein Nikolaus, ein langer, dünner. Der trägt einen feuerroten Mantel und eine hohe Bischofsmütze und auf seiner Nase sitzt eine große Brille. Einen Bart hat er natürlich auch.

»Nanu!«, sagt er, wie er den Pelzmantel-Nikolaus sieht.

»Was willst du denn hier?«, ruft der Kleine. »Ich bin doch der Nikolaus!«

»Hm«, macht der Große und rückt seine Brille zurecht und streicht sich den Bart. »Du bist wohl Cornelias Nikolaus vom vorigen Jahr? Natürlich, mit so kurzen Beinen in so schweren Stiefeln! Da braucht man viel Zeit, um hierher zu kommen.«

»Wenn du frech werden willst, dann kriegst du etwas mit der Rute!«, sagt der Kleine.

Der Große schüttelt den Kopf und sagt: »Wir dürfen uns doch nicht streiten! Was soll denn Cornelia von uns

denken? Sie fängt nie Streit an: Wir brauchen sie gar
nicht zu fragen, ob sie brav gewesen ist. Komm, wir
wollen lieber unsere Säcke ausleeren!«

Und der kleine und der große Nikolaus schnüren ihre
Säcke auf und durcheinander und übereinander rollen
Äpfel und Nüsse und Süßigkeiten auf den Boden und
sechs bunte Farbtuben sind auch dabei! Cornelia bückt
sich – und schon sind die beiden Nikoläuse fort, ganz
leise.

»Ich weiß nicht . . .«, sagt Cornelia. »Den Pelzmantel
von dem kleinen Nikolaus, den kenn ich doch! Und
solche Gummistiefel gibt es nur bei Martin in der Gärt-
nerei. Und der Mantel von dem großen Nikolaus sah
aus wie der Mantel von Evchens großer Schwester.
Versteht ihr das?«

PAULA DEHMEL

St. Niklas' Auszug

St. Niklas zieht den Schlafrock aus,
klopft seine lange Pfeife aus
und sagt zur heiligen Kathrein:
»Öl mir die Wasserstiefel ein,
bitte hol auch den Knotenstock
vom Boden und den Fuchspelzrock;
die Mütze lege obendrauf,
und schütt dem Esel tüchtig auf,
halt auch das Sattelzeug bereit,
wir reisen, es ist Weihnachtszeit.
Und dass ich's nicht vergess, ein Loch
ist vorn im Sack, das stopfe noch!
Ich geh derweil zu Gottes Sohn
und hol mir meine Instruktion.«

Die heil'ge Käthe, sanft und still,
tut alles, was St. Niklas will.
Der klopft indes beim Herrgott an;
St. Peter hat ihm aufgetan
und sagt: »Grüß Gott, wie schaut's denn aus?«,
und führt ihn ins himmlische Werkstättenhaus.
Da sitzen die Englein an langen Tischen,
ab und zu Feen dazwischen,
die den kleinsten zeigen, wie's zu machen,
und weben und kleben die niedlichen Sachen,
hämmern und häkeln, schnitzen und schneidern,
fälteln die Stoffe zu niedlichen Kleidern,
packen die Schachteln, binden sie zu
und haben so glühende Bäckchen wie du!
Herr Jesus sitzt an seinem Pult
und schreibt mit Liebe und Geduld
eine lange Liste. Potz Element,
wie viel artige Kinder Herr Jesus kennt!
Die sollen die schönen Engelsgaben
zu Weihnachten haben.
Was fertig ist, wird eingesackt
und auf das Eselchen gepackt.
St. Niklas zieht sich recht warm an –
Kinder, er ist ein alter Mann –,
und es fängt tüchtig an zu schnein,
da muss er schon vorsichtig sein!

So geht es durch die Wälder im Schritt,
manch Tannenbäumchen nimmt er mit,
und wo er wandert, bleibt im Schnee
manch Futterkörnchen für Hase und Reh.
Leise macht er die Türen auf,
jubelnd umdrängt ihn der kleine Hauf:
»St. Niklas, St. Niklas, was hast du gebracht?
Was haben die Englein für uns gemacht?«
»Schön Ding! Gut Ding! Aus dem himmlischen
Haus!
Langt in den Sack! Holt euch was raus!«

NORTRUD BOGE-ERLI

Der Kettenklaas

Eine wahre Geschichte von früher

Heute Abend kommt der Kettenklaas«, sagte Erika Pferd. »Wer fürchtet sich?«

»Ich schon!«, sagte Maria Krügli.

»Wer kommt?« Ich starrte meine Freundinnen an. Wir standen am Ententeich, der seit ein paar Tagen zugefroren war. Nur dort, wo der Bach hineinfloss, war ein schwarzes Wasserloch übrig geblieben.

Maria Krügli rollte die Enden ihrer langen blonden Zöpfe über die Zeigefinger. »Die kennt nicht mal den Kettenklaas, dabei kommt der doch jedes Jahr an St. Nikolaus!« Ihre Stimme klang spöttisch und ungläubig dazu.

»Zu uns kommt der aber nie.« Ich war ganz sicher. »Zu

uns kommt der heilige Nikolaus selber«, sagte ich. »Und der kommt nachts, heimlich. Er legt uns Lebkuchen in die Schuhe und manchmal sogar Schokolade.«

»Ha, Nikolaus!«, machten beide und tippten sich an die Stirn. »Und Schokolade! Die spinnt!« Schokolade war damals sehr teuer.

Wir wohnten noch nicht lange im Dorf. Maria und Erika waren hier geboren und ihre Eltern auch und die Großeltern, die Onkel und Tanten. Meine Eltern, meine Schwester und ich gehörten nicht richtig dazu, das wusste ich und es tat oft weh.

»Bleib ja nicht auf der Gasse, wenn es dunkel wird, sonst holt dich der Kettenklaas und steckt dich in den Sack«, warnte Erika mich. Aber ich wusste wieder einmal nicht, ob ich ihr glauben sollte. Erika war zwei Jahre älter als Maria und ich. Sie hatte außerdem große Brüder, die im Sommer die Heuwagen zum Hof fuhren. Jetzt im Winter warfen sie mit riesigen Gabeln den dampfenden Kuhmist aus dem Stall auf den Misthaufen. Ihre Weisheiten hatte Erika fast immer von diesen Brüdern. Zum Beispiel, dass einen das Nachtweible holt, wenn man noch draußen spielt, nachdem der Mond aufgegangen ist, oder dass man bombensicher in die Hölle kommt, wenn man Karfreitag fröhliche Lieder singt. Aber auch, dass man die Samen der wilden Malven essen konnte, die am Wegrand wuchsen. Wenn ich meiner Mutter berichtete,

was Erika mir erzählt hatte, schüttelte sie meistens den Kopf. »Erika ist ein bisschen dumm!«, sagte sie dann. »Du darfst ihr nicht alles glauben.«

Wir hatten keinen Bauernhof mit Hühnern und Kühen wie die Pferds und die Krügles. Uns hatte der Bürgermeister in Kunkels zugige Wohnung überm Backhaus eingewiesen. Wir waren Flüchtlinge und arm. Papa hatte überhaupt keinen richtigen Beruf. Er studierte im Winter weit weg an einer Universität. Nur im Sommer wohnte er bei uns. Dann half er dem Förster im Wald. Dafür bekam er ein bisschen Geld. Mama konnte wunderschön malen. Sie malte Blumen auf Postkarten und verkaufte sie, aber für wenig Geld.

Mir war es egal, ob wir arm oder reich waren, auch wenn Maria und Erika vor mir angaben mit neuen Schuhen oder mit ihren Puppenwagen. Dafür nähte meine Mama viel schönere Kleider für meine kleine Schwester und mich und wir mussten niemals ausgebleichte Schürzen tragen wie die Bauernmädchen.

Die Sache mit dem Kettenklaas war mir aber nicht egal. »Der hat einen grausligen Stecken, wie ein Besen«, sagte Maria, »damit haut er dich windelweich.«

Ich riss die Augen auf vor Schreck. Bisher hatte mich noch niemand mit einem Besen windelweich geschlagen. »Zu uns kommt der nicht«, sagte ich im Brustton der Überzeugung. »Zu uns kommt der echte heilige

Nikolaus und der hat nur seinen goldenen Bischofsstab, damit haut er niemanden, sondern er segnet alle Menschen!«

»Die spinnt!«, sagte Maria zu Erika und Erika sagte: »Die wird schon sehen, wenn sie so blöd ist!«

Zu Hause fragte ich Mama nach dem Kettenklaas, aber sie sagte nur wieder, ich solle weder Erika noch Maria allen Mist glauben.

Es wurde früh dunkel am Nikolausabend. Mama schickte mich trotzdem mit der Milchkanne zu Kunkels. Im Kuhstall roch es warm nach Milch und Dung. Der gescheckte Hund schleckte mir die Hände und die Kühe schlugen mit den Schwänzen um sich, während ich im Stall darauf wartete, dass Albert Nüssle, der Knecht, mir die Kanne füllte. Albert hieß nicht nur Nüssle, er sah auch aus wie ein freundlicher Nussknacker.

»Na, Mädle«, sagte er, »mach, dass du heimkommst, heut geht der Kettenklaas um.« Woher wusste Albert Nüssle vom Kettenklaas? Albert war sehr fromm und log nie. Stimmte es etwa, was Erika und Maria erzählt hatten?

Jetzt wurde mir doch ein wenig unheimlich. Ich spähte in die blaue Dunkelheit, die inzwischen den Hof ausfüllte. Mit Ketten rasselten nur die Kühe. Oder? Ein Schritt, noch einer – weder das Nachtweible noch der Kettenklaas ließen sich blicken. Ich erreichte die steile

Holztreppe, die außen am Backhaus zu unserer Wohnung hochführte. Plötzlich schepperte und polterte und keuchte jemand hinter mir. Ich drehte mich nicht um. Hielt nur die Milchkanne verzweifelt fest und hetzte die Stiege hoch.

»Mama!«, rief ich.

Auf die schmale Veranda oben fiel Licht. »Was ist denn los?«

Er war es tatsächlich. An mir vorbei stürmte er in die Küche. Der Kettenklaas mit seinem gewaltigen Besen und dem Sack. Meine Schwester schrie. Mama schloss sie in die Arme und zitterte selbst. Ich stellte hastig die Milchkanne auf den Herd und drückte mich neben den Korb mit Feuerholz. Der Klaas schlug mit dem Besen gegen den Herd, gegen die Tischbeine, er warf den Hocker um und ließ die Zweige seiner Rute auf die große Truhe klatschen. Dazu rasselte er mit seinen Viehketten und grunzte wie ein Wildschwein. Sein Gesicht konnten wir nicht sehen. Er hatte die graue Wollmütze zu tief in die Stirn gerückt und unter der Nase, die rot angemalt war wie ein Weihnachtsapfel, trug er einen Bart aus Hanf. Wild schwang der Bart herum, als der Klaas plötzlich den Sack von der Schulter schleuderte. Ob er uns mitnehmen wollte? Mich und meine kleine Schwester? Ich griff hinter mich und packte den Schürhaken, der am Herd hing. Wenn er angreift, dach-

te ich und meine Knie zitterten, hau ich ihn windelweich!

Aber da polterten und rollten plötzlich Nüsse aus dem
Sack, große rotbackige Äpfel, gedörrte Pflaumen, Lebkuchen, ein ganzes glänzend rundes Früchtebrot, ein
kleiner geräucherter Schinken. Der Kettenklaas warf
sich den leeren Sack über, grunzte noch einmal, trommelte mit seiner Rute gegen die Wohnungstür, stieß sie
auf, rasselte und donnerte die Treppe hinunter. Weg
war er.

Wir haben nie erfahren, wer damals für uns den Kettenklaas gespielt hat, aber seine Gaben haben uns prima
geschmeckt. Nachts ist dann außerdem der sanfte, echte
heilige Nikolaus gekommen und hat unsere Schuhe wie
immer ganz heimlich gefüllt.

PENNY IVES

Morgen kommt die Weihnachtsfrau

$\mathcal{L}$etzte Weihnachten hätte es beinah eine Katastrophe gegeben! Denn als der Weihnachtsmann an einem Dezembermorgen kurz vor Weihnachten aufwachte, fühlte er sich furchtbar schwach und elend.
»Sieh dich nur an!«, rief die Weihnachtsfrau. »Du bist ja krank! Überall rote Pusteln! Wie soll ich denn ganz allein die vielen Geschenke fertig kriegen?«
Der Weihnachtsmann schloss nur müde die Augen, er war sogar zu schwach eine Antwort zu geben.
»Das muss ich diesmal wohl tatsächlich allein schaffen. Weihnachten kann schließlich nicht einfach ausfallen«,

murmelte die Weihnachtsfrau. »Erst mal geh ich zu den Rentieren, sie brauchen ihr Futter.«

Als sie den Stall betrat, traute sie ihren Augen nicht. Auch die Rentiere waren mit Pusteln übersät! Die Weihnachtsfrau flößte ihnen etwas Medizin ein und überlegte, was zu tun war.

Nun war sie völlig auf sich gestellt. Die Arme seufzte einmal, zog den warmen Wintermantel an und ging mit ihren Vögeln hinaus. Gemeinsam sammelten sie die unzähligen Briefe und Wunschzettel ein, die nachts mit dem Schnee herabgerieselt waren.

Die Weihnachtsfrau las jeden Brief in Ruhe. Schließlich krempelte sie die Ärmel hoch. »Dann wollen wir mal«, sagte sie und ging in die Werkstatt. Es waren noch immer viele Spielsachen zu bauen, obwohl der Weihnachtsmann und sie schon das ganze Jahr hart gearbeitet hatten – seit dem vorigen Weihnachtsfest!

Jeden Tag bis spät in die Nacht hinein nähte, leimte und bastelte die Weihnachtsfrau, bis alles fertig war.

Aber noch immer gab es ein großes Problem: Wie sollte sie das Spielzeug ohne die Rentiere ausliefern?

Doch da hatte sie eine tolle Idee: Sie würde eine Flugmaschine konstruieren! Mit einem umgebauten Fahrrad!

Aufgeregt durchwühlte sie den Schrank nach Dingen, die sie dazu gebrauchen konnte. Der Staubsauger war

das Wichtigste. Er sollte die Maschine beim Start antrei-
ben. Sie vertauschte einige Kabel, sodass er die Luft
hinausblies anstatt sie aufzusaugen. Behutsam verband
sie ein Pedal mit dem Motor. Je schneller man strampel-
te, desto schneller würde der Motor laufen.
Hurra! Die Flugmaschine war fertig und die Weihnachtsfrau war sehr mit sich zufrieden.
Jetzt mussten noch alle Geschenke in den Körben ver-
staut werden. Einige waren ziemlich groß und bereite-
ten allerhand Schwierigkeiten.
Am nächsten Morgen war es so weit. Schon früh stand
die Weihnachtsfrau auf, zog sich den roten Mantel an
und setzte die Mütze auf. Der Weihnachtsmann bekam
noch einen Abschiedskuss, dann verließ sie das Haus.
Draußen war es mächtig kalt. Jetzt noch Schnee räumen
für die Startbahn – nun war alles klar zum Abflug!
Gans und Huhn schlugen kräftig mit den Flügeln, die
Weihnachtsfrau trat tüchtig in die Pedale. Die Räder
kreisten und kreisten, wurden schneller und schneller
und allmählich stieg die Flugmaschine in die Luft. Erst
ruckelte es noch ein bisschen, aber die Weihnachtsfrau
hatte es geschafft – sie flog! Immer weiter flog sie, bis sie
eine kleine Stadt sah. Geschickt lenkte sie ihr Flugrad
abwärts auf ein verschneites Dach.
Dort band sie ein Seil um den Schornstein und hangelte
sich in die Wohnung hinab.

Verflixt! Schon beim ersten Schornstein machte sie sich den Mantel dreckig. Aber immerhin: Das erste Geschenk war ausgeliefert.

Dann ging es weiter, rauf und runter, hin und her, kreuz und quer, bis alle Geschenke bei den Kindern waren.

Erschöpft, aber glücklich, machte sich die Weihnachtsfrau auf die Heimreise, der Weg kam ihr sehr lang vor. Endlich entdeckte sie einen schwachen Lichtschein. Das waren der Weihnachtsmann und die Rentiere, die die Landebahn ausleuchteten.

Den dreien ging es besser, alle Pusteln waren verschwunden. »Ich bin so froh, dass du heil zurückgekehrt bist«, sagte der Weihnachtsmann. »Komm, setz dich, meine Liebe, und zieh deine Stiefel aus. Ich mache dir ein schönes, heißes Bad.« Wie gut tat das warme Wasser nach all den Anstrengungen! Als die Weihnachtsfrau wieder zu Kräften gekommen war, ging sie die Treppe hinunter, wo eine wundervolle Überraschung auf sie wartete . . .

Der Weihnachtsmann hatte das Zimmer dekoriert, den Weihnachtsbaum geschmückt und ein besonderes Festmahl zubereitet – mit Geschenken für alle.

Fröhliche Weihnachten!

PETER HACKS

Nikolaus erzählt

Als ich auf den Kalender sah,
rief ich: Ei, der verhexte!
Die Stiefel her! Die Zeit ist da!
Heut ist ja schon der Sechste!
Mein Schlitten brachte mich zum Pol
und mein Mercedes-Benz
entlang die lange Küste wohl
Westskandinaviens.

Und als ich hinterher zu Schiff
Nach Deutschland hab reisen wollen,
ein Mensch nach meinem Sacke griff:
Habn Sie was zu verzollen?
Da riss mir die Geduld geschwind,

Ich zog die Stirne kraus:
Mich kennt, du Schafskopf, jedes Kind.
Ich bin der Nikolaus.

Kapitel III

»Kinder, kommt und ratet, was im Ofen bratet« –
... vom Plätzchenbacken und Naschen

WILHELM MATTHIESSEN

Die Geschichte von den Lebkuchen

Das ist nun schon viele hundert Jahre her, da hat in Nürnberg, der berühmten Stadt, ein dicker runder Bäckermeister gewohnt. Aber nicht nur aufs Backen verstand er sich, er war auch ein grundguter Kerl. Das Herz tat ihm immer weh, alle Jahre, wenn es auf Sankt-Nikolaus-Tag oder Weihnachten zuging. »Du liebes Christkind«, brummelte er, »was soll ich diesmal nur Leckeres backen, dass du es den Kindern bringst? Immer Brot und nur Brot und nichts als Brot, das geht doch nicht! Ach, was mach ich nur, ich armer, runder Bäckermeister?«

Er besann sich hin, besann sich her. Dann aber – die Hagebutten wurden schon rot und die Haselnüsse braun und der Wind schüttelte die Kastanien von den

Bäumen – kaufte er sich ein Notizbuch, packte seine Siebensachen und befahl der Katze, sie solle die Mäuse kurz halten, damit sie ihm nicht das ganze Mehl für die Weihnachtsbäckerei wegfräßen. »Denn ich will doch sehen, was es sonst noch zu backen gibt als Brot und immer noch mal Brot.« Er schloss die Tür hinter sich ab und wanderte hinaus in die weite Welt.

Zuerst kam der dicke runde Bäckermeister nach Regensburg. Aber soviel er sich auch umschaute, hier gab es nur Brot und Regensburger Würstchen. Nichts für mich!, dachte er und machte, dass er nach München kam. Aber die Münchener Salzbrezeln, damit konnte er nun mal gar nichts anfangen. Zu Weihnachten Salzbrezeln? Nein, das wäre ja noch schöner!

So tippelte der dicke runde Bäckermeister weiter und immer noch war sein Notizbuch leer. Nach Frankfurt kam er, da machten sie nur Frankfurter Würstchen und Apfelwein. Sogar in der Kaiserstadt Aachen gab es die Aachener Printen damals noch nicht. Auch in Köln nur Käsebrötchen, die »Halbe Hähne« hießen, und nicht mal in Amsterdam backten die Leute Spekulatius.

Aber der Bäckermeister ließ den Mut nicht sinken und wanderte ostwärts. Da erlebte er denn auch kein blaues Wunder. Die große Stadt Berlin, ja, die stand damals noch gar nicht! Nur Wald und Sumpf. In dem Wald aber traf er einen uralten Einsiedler. Der lebte von Eicheln

und Haselnüssen. »Am besten gehen Sie mal nach
Wien«, sagte der Einsiedler zu dem Bäckermeister. »Da
soll's Wiener Würstchen geben, fabelhaft!«
Aber der dicke runde Bäckermeister hatte nun genug.
»Es hilft alles nichts«, dachte er, »ich will lieber zurück
nach Nürnberg!« Er wanderte einen Tag um den andern. Da endlich kam er in die böhmischen und bayeri-
schen Wälder. Als es dann Abend wurde und Nacht,
traf er zum Glück auf ein Häuschen. Das stand tief unter
den dunklen Fichten. Dicht neben dem Häuschen war
ein großer, schwarz verräucherter Backofen.
Oh, so etwas gefiel dem dicken runden Bäckermeister!
Er klopfte bei dem Häuschen an, klopfte noch einmal
und noch einmal. Da endlich wurde es lebendig drinnen. Die Tür ging auf und darin stand eine uralte Frau,
die krächzte: »Mitten in der Nacht? Das sind mir ja feine
Manieren! Ich bin nämlich die Waldfrau und mit mir ist
nicht gut Kirschen essen!« So schimpfte sie, fuchtelte mit
ihrem Krückstock und wackelte mit dem Kopf.
»Keine Angst, Mütterchen«, sagte der brave Bäckermeister. »Ich bin müde vom langen Weg. Ein Eckchen
auf der Ofenbank habt Ihr sicher für mich?«
»Hunger hast du wohl auch?«, kreischte die Alte. »Scher
dich! Ich hab nichts wie Lebkuchen und Pfeffernüsse
und du glaubst gar nicht, wie satt ich es bin, das süße
Zeug!«

Der Bäckermeister riss Mund und Augen auf. »Was habt Ihr? Süße Lebkuchen und süße Pfeffernüsse? Sagt das noch einmal!«

»Du hast wohl Rattennester in den Ohren?«, giftete die Waldfrau. »Lebkuchen und Pfeffernüsse! Pfeffernüsse und Lebkuchen, Lebkuchen und Pfeffernüsse!«

Dem Bäckermeister rollten vor Freude dicke Tränen herab. »Dann ist ja alles gut«, sagte er, »ich hab nämlich nur Brot!«

»Was hast du?«, schrie die Alte. »Bist du verrückt? Brot hast du? Ich weiß nicht einmal, was Brot ist! Sag, ist das süß oder sauer?«

»Brot? Das ist mehr sauer«, sagte der Bäcker.

»Sauer?«, rief die Waldfrau. »Sauer ist Brot? Oh, wie lecker, wie lecker!« Und sie packte ihn bei der Hand und riss ihn in den Hausflur, dass er fast der Länge nach hingeflogen wäre.

Bald aber saßen sie zusammen auf der Herdbank. Der dicke runde Bäcker kramte alles, was er zu essen bei sich hatte, aus der Tasche. Die Alte stopfte das Brot Brocken für Brocken in den Mund, schlang wie ein Wolf, schmatzte und schluckte. Und der Bäcker verdrehte die Augen vor Wonne und aß süße Lebkuchen und Pfeffernüsse.

»Nun hab ich's, wonach ich suchte«, sagte er, »und brauche nicht mehr durch die ganze Welt zu rennen.

Denn du, Waldfrau, sagst mir doch gewiss, wie man die Dinger mischt und mengt, buddelt und knuddelt. Und wie viel Zucker und Salz, Butter und Schmalz, Pfeffer und Zimt und was sonst noch dazugehört. Dafür verrate ich dir das mit dem Brot!«

Da freute sich die Alte, tanzte wie ein Brummkreisel im Häuschen herum, verlangte neues Brot, mampfte und pampfte und zwischendurch wisperte sie dem Bäckermeister zu, wie man Lebkuchen und Pfeffernüsse backt. Der dicke runde Bäckermeister aber hatte bald sein Notizbuch voll geschrieben und die Rezepte für sechserlei Brot der Waldfrau mit Kreide auf die Tür gekrakelt.

Früh am andern Morgen dann wanderte er weiter und kam gerade heim, als es zu weihnachten anfing. Zu Hause war auch alles in schönster Ordnung. Die Katze war auf dem Posten gewesen und die Mäuse hatten keine guten Tage bei ihr gehabt, gut und schneeweiß war das Mehl.

Noch am selben Tag fing das Backen an: Lebkuchen und Pfeffernüsse und noch einmal Lebkuchen und Pfeffernüsse.

Die Leute der Stadt Nürnberg waren sehr verwundert. Denn alle Abende, sowie es dunkelte, ging's los, klingklang, durch alle Gassen. Das waren die Weihnachtsengel mit ihren Schlitten. Kam einer mit einem vollen Sack

aus dem Bäckerladen, so hielt schon der nächste – brr! –
sein Pferdchen an und stieg aus. Ein Duft aber nach
süßem Backwerk und Engelsflügeln hing über der Stadt.
Und tausend Heiligenscheine glitzerten blau, silbern
und golden durch den Schnee.
Seht, so kamen die Nürnberger Lebkuchen und die Pfeffernüsse in die Welt und in jedes Weihnachtshaus. – Das
Märchen ist aus.

JEAN PAUL

Geschichte eines Pfefferkuchenmannes

Es war einmal ein Pfefferkuchenmann,
von Wuchse groß und mächtig,
und was seinen innern Wert betraf,
so sagte der Bäcker: »Prächtig.«

Auf dieses glänzende Zeugnis hin
erstand ihn der Onkel Heller
und stellte ihn seinem Patenkind,
dem Fritz, auf den Weihnachtsteller.

Doch kaum war mit dem Pfefferkuchenmann
der Fritz ins Gespräch gekommen,
da hatte er schon – aus Höflichkeit –
die Mütze ihm abgenommen.

Als schlafen ging der Pfefferkuchenmann,
da bog er sich krumm vor Schmerze:
An der linken Seite fehlte fast ganz
sein stolzes Rosinenherze!

Als Fritz tags drauf den Pfefferkuchenmann
besuchte, ganz früh und alleine,
da fehlten, oh Schreck, dem armen Kerl
ein Arm und schon beide Beine!

Und wo einst saß am Pfefferkuchenmann
die mächt'ge Habichtsnase,
da war ein Loch! Und er weinte still
eine bräunliche Sirupblase.

Von nun an nahm der Pfefferkuchenmann
ein reißendes, schreckliches Ende:
Das letzte Stückchen kam schließlich durch Tausch
in Schwester Magretchens Hände.

Die kochte als sorgliche Hausfrau draus
für ihre hungrige Puppe
auf ihrem neuen Spiritusherd
eine kräftige, leckere Suppe.

Und das geschah dem Pfefferkuchenmann,
den einst so viele bewundert
in seiner Schönheit bei Bäcker Schmidt,
im Jahre neunzehnhundert.

ROLF KRENZER

Tanja backt Plätzchen

Vorigen Montag hatte Tanja der Mutter beim Plätzchenbacken helfen dürfen. Sie hatte gerührt und gekne-
tet. Dann hatte die Mutter den Plätzchenteig mit dem
Nudelholz ausgerollt und Tanja hatte mit den
Förmchen die Plätzchen ausgestochen, eins nach dem
anderen. Das war wunderschön gewesen. Und Mutter
hatte Tanja sehr gelobt. Als dann die Plätzchen gebacken waren, hatte die Mutter einige auf die Fensterbank gelegt. Tanja hatte es kaum erwarten können, bis
sie kalt waren. Aber dann! Ja, dann hatten sie Tanja
wunderbar geschmeckt.
»So, das ist genug!«, hatte die Mutter gesagt und die
anderen Plätzchen fortgetragen. »Die sind für Weihnachten!«

Kein Wunder, dass Tanja seit Montag ihre Mutter jeden Tag bettelt: »Wollen wir wieder zusammen Plätzchen backen?« Doch am Dienstag hat die Mutter keine Zeit und nicht am Mittwoch und am Donnerstag auch nicht. So geht das bis zum Sonntag. Da ist es Tanja leid.

Wenn die Mutter keine Zeit hat, dann will eben Tanja sich selbst an das Plätzchenbacken machen. Ja, das wird sie tun! Und das wird eine wunderschöne Überraschung für Mutter geben! Tanja wartet bis nach dem Mittagessen. Sie weiß, dass sich sonntags ihre Eltern immer für ein Stündchen hinlegen. Da muss Tanja auch ganz ruhig sein.

Ja, Tanja verspricht, ganz, ganz ruhig zu sein. Schließlich braucht man ja beim Plätzchenbacken auch keinen Lärm zu machen. Als Tanja allein in der Küche ist, holt sie sich alles aus dem Schrank und aus dem Kühlschrank, was sie für das Plätzchenbacken braucht. Selbstverständlich hat sie vorigen Montag gut aufgepasst. Sie stellt alles vor sich auf den Küchentisch: Mehl und Zucker, zwei Eier, Butter, Milch und das seltsame weiße Zeug in der kleinen Tüte, das die Mutter Backpulver nennt. »Ohne Backpulver klappt es nicht!«, hat die Mutter gesagt. Und Tanja hat es sich genau gemerkt. Sie holt noch eine Schüssel und schüttet sogleich das Mehl hinein. Das staubt ein bisschen. Doch Tanja lässt sich von einem bisschen Staub nicht stören. Schließlich

gibt es in der Küche genug Lappen, mit denen man später alles wieder wegwischen kann.

Seltsam, als Mutter die Eier aufgeschlagen hat, ging alles so einfach! Tanja hat große Mühe die Eier am Schüsselrand entzweizuschlagen. Sie muss kräftig zuschlagen. Na, endlich! Jetzt hat es geklappt! Tanja kann sich allerdings nicht daran erinnern, dass Mutter die kaputten Schalen auch in die Schüssel geworfen hat. In den Plätzchenteig gehören sie jedenfalls nicht hinein.

So durchsucht Tanja mit beiden Händen vorsichtig das Mehl in der Schüssel und holt alle Eierschalen heraus, die sie findet. Beim Aufschlagen des zweiten Eies ist sie viel vorsichtiger. Und wirklich, keine einzige Eierschale fällt in die Schüssel. Da schadet es auch nichts, wenn das Eigelb an der Außenseite der Schüssel nach unten läuft und sich auf der Tischplatte breit macht. Tanja weiß sich zu helfen. Sie hält einfach die Schüssel unter den Tischrand und schiebt mit einer Hand den Ei-matsch hinein.

Damit jetzt der Zucker und die anderen Sachen noch in die Schüssel kommen können, muss Tanja eine kleine Pause machen und ihre Finger ablecken. Aber dann begibt sie sich mit Schwung wieder an die Arbeit. Zucker und Backpulver, Milch und Butter landen sicher in der Schüssel. Als Tanja aber dann mit dem Rühren anfangen will, bereitet ihr das Butterstück Schwierig-

keiten. Sosehr Tanja auch dagegenschlägt, es will sich nicht auflösen.

Mit der Zeit wird es schon schmelzen, denkt Tanja und stemmt ihre Arme, die vom vielen Rühren ein bisschen weh tun, in die Hüften. Und dann fällt ihr ein, dass sie etwas ganz Wichtiges vergessen hat. Die Mutter hatte noch ein kleines Glasfläschchen aus dem Schrank geholt. Sie hatte den Deckel abgeschraubt und Tanja hatte alles in den Plätzchenteig gießen dürfen. Es hatte wunderbar gerochen. Ja, richtig! Zitronen-Aroma war in dem Fläschchen gewesen. Und Zitronen-Aroma will Tanja auch jetzt in jedem Fall an ihren Plätzchen haben. Sie sucht zuerst im Schrank, dann im Kühlschrank, dann im Brotfach, im Gewürzschrank, in den vielen Schubladen . . . überall, wohin sie nur gelangen kann. Zitronen-Aroma kann sie nicht finden. Wenn es schon kein Zitronen-Aroma sein kann, dann muss es etwas anderes sein, das gut riecht, denkt Tanja. Gut riechen sollen Tanjas Plätzchen jedenfalls!

Da fallen ihr die kleinen Fläschchen ein, die Mutter im Bad in dem Schränkchen über dem Spülstein stehen hat. Manchmal nimmt Mutter etwas davon und streicht es sich hinters Ohr. Sie hat auch schon einmal etwas auf Tanjas Taschentuch gespritzt. Das hat ganz herrlich gerochen! Tanja möchte, dass ihre Plätzchen auch so gut riechen.

Kurz entschlossen läuft sie zum Badezimmer. Aber der Schrank über dem Spülstein ist so hoch, dass Tanja auch dann nicht herankommt, wenn sie sich auf ihre Zehenspitzen stellt oder sich am Waschbecken hochzieht. So läuft sie zur Küche und schleppt einen Küchenstuhl herbei. Der Stuhl ist so sperrig, dass es ordentlich Lärm macht, als Tanja mit ihm zum Badezimmer geht. Aber jetzt klappt alles wie geschmiert! Sie erreicht den Schrank über dem Spülstein, wenn sie sich nur ein bisschen reckt. Sie öffnet die Tür und greift nach dem ersten Fläschchen, das sie sieht.

Da steht plötzlich der Vater hinter ihr. Er sieht noch recht verschlafen und verknautscht aus. »Du wolltest doch keinen Lärm machen!«, sagt er vorwurfsvoll. Dann schreit er: »Claudia! Sie hat dein Parfüm!« Natürlich, schon ist die Mutter auch da. Sie hilft Tanja vom Stuhl herunterzusteigen. Dann fragt sie: »Was wolltest du denn mit dem Parfüm?«

Da beginnt Tanja zu weinen. Sie weint so hemmungslos, dass Vater und Mutter ihre Arme um sie legen müssen. »Ich wollte euch doch überraschen!«, jammert sie. »Jetzt ist alles verdorben. Die Butter schmilzt nicht . . . das gute Riech-Aroma habt ihr mir auch fortgenommen!«

Tanjas Mutter ist eine gute Hausfrau. Sie lässt sich nicht aus der Ruhe bringen, als sie Tanjas Teigschüssel auf dem Küchentisch entdeckt. Sie ist sogar eine ganz liebe

Mutter. Sie holt die Butter aus der Schüssel und stellt sie in einem kleinen Topf auf den Herd. Und wirklich, dort beginnt sie sogar zu schmelzen. Dann beginnt sie den Plätzchenteig anzurühren. Und sie zaubert auch noch ein Fläschchen Zitronen-Aroma aus ihrer Einkaufstasche. Tanjas Mutter ist wirklich eine liebe Mutter. Tanja darf wieder beim Plätzchenbacken helfen. »Aber nur helfen!«, sagt die Mutter zu Tanja. »Nicht mehr allein backen! Versprichst du mir das?« In diesem Augenblick würde Tanja ihrer Mutter alles versprechen.

Der Bratapfel

Kinder, kommt und ratet,
was im Ofen bratet!
Hört, wie's knallt und zischt.
Bald wird er aufgetischt,
der Zipfel, der Zapfel,
der Kipfel, der Kapfel,
der gelbrote Apfel.

Kinder, lauft schneller,
holt einen Teller,
holt eine Gabel!
Sperrt auf den Schnabel
für den Zipfel, den Zapfel,

den Kipfel, den Kapfel,
den goldbraunen Apfel!

Sie pusten und prusten,
sie gucken und schlucken,
sie schnalzen und schmecken,
sie lecken und schlecken,
den Zipfel, den Zapfel,
den Kipfel, den Kapfel,
den knusprigen Apfel.

Volksgut

JAMES KRÜSS

Die Weihnachtsmaus

Die Weihnachtsmaus ist sonderbar
(Sogar für die Gelehrten),
Denn einmal nur im ganzen Jahr
Entdeckt man ihre Fährten.

Mit Fallen oder Rattengift
Kann man die Maus nicht fangen.
Sie ist, was diesen Punkt betrifft,
Noch nie ins Garn gegangen.

Das ganze Jahr macht diese Maus
Den Menschen keine Plage.
Doch plötzlich aus dem Loch heraus
Kriecht sie am Weihnachtstage.

Zum Beispiel war vom Festgebäck,
Das Mutter gut verborgen,
Mit einem Mal das Beste weg
Am ersten Weihnachtsmorgen.

Da sagte jeder rundheraus:
Ich hab es nicht genommen!
Es war bestimmt die Weihnachtsmaus,
Die über Nacht gekommen.

Ein andres Mal verschwand sogar
Das Marzipan vom Peter,
Was seltsam und erstaunlich war,
Denn niemand fand es später.

Der Christian rief rundheraus:
Ich hab es nicht genommen!
Es war bestimmt die Weihnachtsmaus,
Die über Nacht gekommen!

Ein drittes Mal verschwand vom Baum,
An dem die Kugeln hingen,
Ein Weihnachtsmann aus Eierschaum
Nebst andren leckren Dingen.

Die Nelly sagte rundheraus:
Ich hab es nicht genommen!
Es war bestimmt die Weihnachtsmaus,
Die über Nacht gekommen!

Und Ernst und Hans und der Papa,
Die riefen: Welche Plage!
Die böse Maus ist wieder da,
Und just am Feiertage!

Nur Mutter sprach kein Klagewort.
Sie sagte unumwunden:
Sind erst die Süßigkeiten fort,
Ist auch die Maus verschwunden!

Und wirklich wahr: Die Maus blieb weg,
Sobald der Baum geleert war,
Sobald das letzte Festgebäck
Gegessen und verzehrt war.

Sagt jemand nun, bei ihm zu Haus –
bei Fränzchen oder Lieschen –
Da gäb es keine Weihnachtsmaus,
Dann zweifle ich ein bisschen!

Doch sag ich nichts, was jemand kränkt!
Das könnte euch so passen!
Was man von Weihnachtsmäusen denkt,
Bleibt jedem überlassen!

Kapitel IV

Geschichten von heimlichen Wünschen und unerwarteten Geschenken

DIMITER INKIOW

Der Weihnachtswunsch

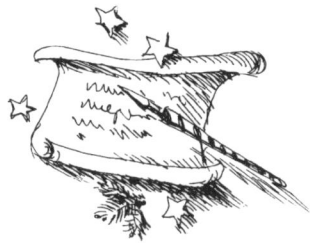

Drei Wochen vor Weihnachten kam meine Schwester Klara zu mir und fragte: »Möchtest du nicht meine Stiefel tragen?«

Ich wunderte mich und fragte: »Warum?«

»Weil ich will, dass sie endlich kaputtgehen.«

»Aber was wird Papa dazu sagen?«

»Du wirst sie heimlich tragen. Immer, wenn du Fußball spielst. Ich mag sie nicht mehr. Ich will schöne, rote Stiefel, wie Petra sie hat, sonst werde ich sterben.«

Ich wollte nicht, dass meine Schwester Klara stirbt, weil sie ihre alten Stiefel nicht mag, und sagte: »Gut. Ich werde deine Stiefel tragen. Und ich verspreche dir, dass ich sie in einer Woche kaputtmache. Du kennst mich ja.«

»Du bist ein Schatz«, sagte sie.

Sofort zog ich Klaras Stiefel an. Aber sie waren mir viel zu groß. So groß, dass sie wie Clownsschuhe schlappten. Dreimal bin ich damit hingefallen. Erst als ich eine ganze Zeitung hineingesteckt hatte, waren mir Klaras Stiefel nicht mehr zu groß.

Ich begann sofort im Garten Fußball zu spielen. Es ging. Ich spielte den ganzen Tag. Aber Klaras Stiefel gingen nicht kaputt, was uns beide sehr ärgerte.

Jeden Mittag, wenn Klara aus der Schule kam, schaute sie sich ihre Stiefel an und jammerte: »Scheußliche Stiefel. Sie gehen einfach nicht kaputt. Ich hasse sie.«

»Ich hasse sie auch, Klara. Aber was soll ich machen?«

»Wenn sie nicht kaputtgehen, werde ich nie neue Stiefel bekommen. Nie! Und dann sterbe ich. Du wirst es sehen.«

Ich wollte nicht, dass meine Schwester wegen ihrer alten Stiefel stirbt. Ich spielte tüchtig weiter Fußball und steckte immer neue Zeitungen in die Stiefel. Aber die Stiefel waren wie aus Stein.

Am Ende waren meine Füße kaputt, aber nicht Klaras Stiefel. »Weißt du, Klara«, sagte ich ganz niedergeschlagen, »wenn Papa dir keinen neuen Stiefel kauft – warum schreibst du dann nicht an unsere Berliner Oma? Mama sagt, wir sollen ihr einen Zettel schicken mit unseren drei größten Weihnachtswünschen. Ich wünsche mir einen Fußball, bunte Filzstifte und ein Bilderbuch. Und

du solltest dir dann nur rote Stiefel wünschen. Rote Stiefel als ersten Wunsch, rote Stiefel als zweiten Wunsch und rote Stiefel als dritten Wunsch. Dann wirst du sicher rote Stiefel bekommen.«

»Das glaube ich nicht.«

»Warum denn nicht?«

»Weil rote Stiefel sehr teuer sind. Petra hat es gesagt.«

»Dann schreib doch auch an die Münchener Oma. Sie soll dir den linken Stiefel schenken und die Berliner Oma den rechten. Wie findest du das?«

»Das ist gar keine schlechte Idee«, sagte Klara.

Sie lief schnell in ihr Zimmer und begann dort ihre Briefe zu schreiben.

Den ganzen Nachmittag schrieb Klara diese Briefe. Man konnte denken, sie schriebe ein ganzes Buch. Erst am Abend war sie fertig. Sie hatte die Briefe schön mit Herzchen und Blümchen verziert und ihr Zimmer sah aus wie ein Schlachtfeld. »Willst du nicht Malerin werden«, fragte ich Klara, »du malst so schön.«

»Ich will erst meine roten Stiefel haben. Dann werden wir sehen.«

»Was hast du denn in den Briefen geschrieben?«

»Das, was du gesagt hast. An die Münchener Oma habe ich geschrieben, dass ich von ihr einen linken Stiefel möchte. Und der Berliner Oma habe ich geschrieben, dass ich einen rechten Stiefel von ihr möchte. Sie müssen

beide rot und italienisch sein. Dann werden sie zusammenpassen.«

»Gut«, sagte ich. »Aber wenn einer größer ist als der andere? Schuhe und Stiefel muss man immer anprobieren. Das kannst du leider nicht. Du kannst ja nicht mit einem Fuß in Berlin sein und mit dem anderen in München.«

»Doch«, sagte Klara und legte beide Briefe mit der Rückseite auf den Boden. Dann zog sie ihre Schuhe aus und stellte sich in Strümpfen mit jedem Fuß auf einen Brief. Sie sagte zu mir: »Gib mir einen Filzstift!«

Ich gab ihr einen roten Filzstift und sie zog damit einen Strich um ihre Füße.

»So«, sagte sie, »jetzt kann kein Fehler mehr passieren. So groß muss jeder Stiefel sein.«

Mensch, Klara ist wirklich klug.

Sie hat die beiden Briefe noch am gleichen Tag abgeschickt. Jetzt brauchten wir nur noch auf Weihnachten zu warten.

Das war für uns beide sehr aufregend. Weil wir nicht wussten, ob von der Oma aus Berlin ein rechter Stiefel und von der Oma aus München ein linker Stiefel kommen würde. Und was würde die arme Klara machen, wenn sie nur einen Stiefel bekäme? Dann würde es sicher einen großen Jammer geben. Wir warteten und warteten.

Und plötzlich kam ein großes Paket aus Berlin.
Aber ob auch eines aus München kam, haben wir nicht
gesehen. Weil Mama die Pakete immer sofort versteckte
und wir sie nicht finden konnten.
»Die kommen unter den Weihnachtsbaum«, sagte sie.
So mussten wir warten und hatten den schrecklichen
Verdacht, es wäre nur der rechte Stiefel gekommen.
Weil die Berliner Oma mehr Geld hatte.
Endlich war es so weit. Die Pakete lagen unter dem
Weihnachtsbaum. Klara hüpfte vor Ungeduld von ei-
nem Bein aufs andere. Dann sagte Mama: »Jetzt könnt
ihr die Pakete öffnen.« Und wir stürzten uns darauf. Ich
habe von der Berliner Oma einen Fußball bekommen
und Filzstifte und ein Bilderbuch von meiner Münche-
ner Oma.
Und was meint ihr, was Klara bekommen hat?
Sie hat drei Paar rote Stiefel bekommen. Ein Paar von
Papa und Mama, ein Paar von der Berliner Oma und ein
Paar von der Münchener Oma.

GUDRUN MEBS

Annes Geschenke

Weihnachten war schön gewesen. Aber Weihnachten ist schon lange vorbei. Mindestens vier Tage.
Anne sitzt in ihrem Zimmer und kramt in ihren neuen Spielsachen herum. So viel hat sie geschenkt bekommen. Tolle Sachen. Solche, die sie gut brauchen kann. Und auch andere.
Den Ball zum Beispiel, den braucht sie nicht. Sie hat ja schon vier Bälle. Ein Bilderbuch hat sie gleich doppelt bekommen. Und den Holzpuzzle-Papagei, den hat sie sofort zusammensetzen können. Das ist doch was für Babys! Ja, und auf dem Naschteller lagen ziemlich viele Marzipanschweine. Marzipanschweine mag Anne aber nicht.
Doch sonst lagen wirklich tolle Sachen unterm Christ-

baum. Eine Skibrille, ein Haufen Indianer, eine Taschen-
lampe und . . . und . . . und . . . Und am schönsten,
denkt Anne, war doch die Bescherung. Beschert werden
ist herrlich. Das Warten vor der Tür, dann klingelt's
leise, dann geht die Tür auf . . . Zuerst sieht man bloß
den Lichterbaum – und dann die Geschenke. Viele! Ein
herrliches Gefühl.

Anne seufzt. Schade, dass sie schon vorbei ist, die Bescherung. Immer geht sie so schnell vorbei. Das Christkind könnte ruhig öfter kommen. Jetzt zum Beispiel, wo
es gerade ein bisschen langweilig ist.

Missmutig lässt Anne den neuen, überflüssigen Ball
hopsen. Vielleicht könnte sie ja noch mal Weihnachten
spielen? Nur so für sich? Geschenke aufbauen, rausge-
hen, klingeln, reinkommen, staunen . . . Aber sich selbst
beschenken, das ist doof!

Anne denkt nach. Man müsste für jemand anders
Christkind spielen. Und Geschenke aufbauen . . . Aber
für wen? Die Mama hat keine Zeit, das weiß Anne. Der
Papa auch nicht. Der ist sowieso auch gar nicht da.

Da fällt ihr plötzlich etwas ein. Die alte Frau Schrimpel!
Die so schlecht laufen kann und ganz allein unter ihnen
wohnt. Die hat doch mal gesagt, sie freute sich nicht auf
Weihnachten. Sie kriegte sowieso nie Geschenke. Das
Christkind käme ja doch nur zu den Kindern.

Anne springt auf. Das ist die Idee! Sie wird die alte

Frau Schrimpel beschenken. Jetzt gleich. Wird die sich freuen!

Schnell zieht Anne ihr Nachthemd über, weil sie sich das Christkind immer in einem Nachthemd vorstellt. Sie nimmt den überflüssigen Ball, den Holzpuzzle-Papagei und das doppelte Bilderbuch. Die Marzipanschweine sucht sie auch noch aus dem Naschteller zusammen und so beladen marschiert sie die Treppe runter. Unten klingelt sie bei der Frau Schrimpel.

»Ja was!«, sagt die, als sie Anne im Nachthemd und voll bepackt vor sich sieht.

Anne sagt nichts, sondern geht geradewegs in Frau Schrimpels Wohnstube. Dort kommandiert sie: »Umdrehen! Nicht herschauen! Geschenke gibt's!«

Rasch baut sie die Sachen auf dem Tisch auf und ruft: »Klingeling, umdrehen!« Als die verblüffte Frau Schrimpel näher humpelt, sagt Anne: »Ich bin das Christkind, freuen Sie sich?« Sie zeigt auf die Geschenke und macht ein stolzes Gesicht.

Die Frau Schrimpel sagt erst mal gar nichts. Sie tappt zum Tisch. Tupft auf den Ball, hebt den Papagei hoch und dreht ihn unschlüssig in den Händen.

»Sie müssen sich jetzt freuen!«, drängt Anne und hält das Bilderbuch hoch.

»Aber – Weihnachten ist doch schon vorbei«, stottert Frau Schrimpel und setzt sich schwerfällig hin.

»Macht doch nichts«, sagt Anne und schüttet ihr alle Marzipanschweine in den Schoß.

»Macht doch was«, sagt Frau Schrimpel und schüttelt den Kopf. »Feste soll man feiern, da wo sie hingehören!«

Anne schaut verwundert. Die Frau Schrimpel freut sich ja gar nicht. Kein bisschen.

Sie greift mit ihren zittrigen Händen nach dem Ball, der sofort zu Boden springt und davonkullert. Sie schaut mit kurzsichtigen Augen auf das Bilderbuch. Sie greift nach einem Marzipanschwein, beißt vorsichtig hinein und legt es wieder beiseite. »Ich dank auch schön«, sagt Frau Schrimpel und lächelt Anne freundlich zu. »Geschenke zu bekommen ist immer schön, nicht wahr?«

Da schämt sich Anne plötzlich und gleich so, dass sie puterrot wird. Sie steht da und wäre am liebsten weg.

»Bleibst du noch ein bisschen?«, fragt Frau Schrimpel und schaut Anne an. »Ich freu mich so über Besuch!«

Anne nickt, noch immer rot im Gesicht. Und endlich fällt ihr etwas ein. »Ist Besuch machen auch ein Geschenk?«, fragt sie und Frau Schrimpel nickt und lacht: »Wie man's nimmt. Deiner schon!«

»Dann schenk ich Ihnen Besuch. Meinen!«, ruft sie und ist sehr erleichtert.

»Und ich koche uns einen Kakao, willst du?«, fragt Frau Schrimpel und humpelt schon in die Küche.

»Klar!«, ruft Anne.

UTE ANDRESEN

Wichtel wichteln ganz geheim

Sie trocknen heimlich
die Teller ab.

Sie nähen heimlich
einen Knopf wieder an.

Sie decken heimlich
die Betten schön zu.

Sie stopfen heimlich
die nassen Schuhe aus.

Sie leeren heimlich
den Papierkorb aus.

Sie sitzen heimlich
hinter dem Vorhang
und freuen sich,
wenn die andern
sich freuen.

Sie putzen heimlich
alle Spiegel blank.

Sie bringen heimlich
den Müll zur Tonne.

Sie gießen heimlich
die Blumen am Fenster.

Sie fegen heimlich
den Fußboden sauber.

Sie decken heimlich
den Tisch.

Sie sind heimlich
ein bisschen traurig,
wenn niemand merkt,
was sie gewichtelt haben.

LENE MAYER-SKUMANZ
Weihnachtsgeschenke

*E*s ist jeden Advent dasselbe«, sagt Susi zu Fritz. »Ich zeichne für meine Eltern und für alle Onkel und Tanten und für die beiden Omamas Weihnachtsbilder. Die Krippe mit dem Jesuskind. Die Hirten mit den Schafen. Den Engel mit den Flügeln über das ganze Zeichenblatt und mit einer Sprechblase vor dem Mund: Freut euch! Ich freu mich auch! – Jedes Jahr dasselbe. Wenigstens meinen Eltern möcht ich einmal was anderes schenken!«

»Du zeichnest wirklich schön«, sagt Fritz neidvoll. »Aber natürlich könntest du ihnen zur Abwechslung etwas häkeln. Topflappen oder so.«

»Du ahnst nicht, wie ich häkle«, sagt Susi traurig. »Ich bin ein Häkelantitalent. Ich müsste dazuschreiben: Dieses Werkstück ist ein Topflappen.«

»Aha«, sagt Fritz. »Dann mach ihnen Nusskugeln.«
»Das wär eine Idee«, sagt Susi. »Nusskugeln. Ich hab noch nie welche gemacht. Wie macht man die?«
»Total einfach«, sagt Fritz. »Hundert Gramm Staubzucker, hundert Gramm geriebene Haselnüsse, ein Esslöffel Rum, ein kleiner Eidotter. Alles zusammen in einer Schüssel fest abkneten, kleine Kugeln formen, in Schokoladenguss tauchen, trocknen lassen, gut verstecken. Fertig!«
»Ich bin überrascht, aber wirklich«, sagt Susi. »Du kannst das Rezept auswendig!«
»Ich mach auch seit mindestens hundert Jahren für die ganze Verwandtschaft Nusskugeln als Weihnachtsgeschenk«, sagt Fritz. »Ich würde meinen Eltern auch gern einmal etwas anderes schenken . . .«
Susi schaut Fritz an. »Du, mir fällt da was ein!«
Fritz schaut Susi an. »Mir ist auch grad was eingefallen!«
»Würden deine Eltern Hirten mit Schafen mögen?«, fragt Susi.
»Bestimmt«, sagt Fritz. »Würden deine Eltern Nusskugeln mögen?«
»Und ob«, sagt Susi. »Auch ich mag Nusskugeln.«
Sie beschließen, dass Susi ein Hirten-Schafe-Bild mehr zeichnen wird. Fritz wird dafür eine Portion Nusskugeln mehr erzeugen.

»Abgemacht?«
»Abgemacht!«

Am vierten Adventssonntag geht Susi zu Fritz. Sie bringt ihm das Weihnachtsbild. Es ist sehr schön geworden. Ein goldgeflügelter Engel bringt den Hirten die Botschaft von der Geburt des Jesuskindes. Die Hirten lachen, sie freuen sich. Auch manche Schafe lachen.

»Echt toll«, sagt Fritz. »Nur die Schafe kommen mir ein bisschen nackig vor.«

»Sie sind nackig«, sagt Susi. »Ich hab sie extra so gelassen, dass du auch was zeichnen kannst. Zeichne ihnen die Locken in das Fell, schau, so –«

Sie zeichnet ein paar Kringel auf einen Notizblock.

»Das könnte ich zusammenbringen«, sagt Fritz. »Danke, dass du die Schafe nackig gelassen hast . . .«

Er führt Susi in die Küche. »Ich bin gerade bei deiner Portion Nusskugeln. Ich muss sie nur noch tunken.«

»Kann ich auch etwas bei den Nusskugeln tun?«, fragt Susi.

Fritz zeigt ihr, wie man die Kugeln in die noch warme Schokoladensoße tunkt, ganz vorsichtig, mit zwei Zahnstochern, und wie man sie dann auf das Brett setzt, damit sie trocknen können. Susi plagt sich mit einer Kugel, während Fritz drei Kugeln tunkt.

»Ich weiß was anderes«, brummt Fritz. »Da ist bunter Zuckerstreusel, den streu auf die Kugeln, so hast du auch was dran getan.«

»Streusel streuen ist für mich so leicht wie für dich Locken in das Schaffell zeichnen«, sagt Susi vergnügt.

Am Weihnachtsabend ist Susi sehr aufgeregt. Werden sich die Eltern über die Nusskugeln freuen?

»Nicht möglich, Nusskugeln von der Susi«, sagt der Vater.

»Keine Zeichnung?«, fragt die Mutter überrascht. Aber Susi hat sowieso auch eine Zeichnung gemacht, das Jesuskind in der Krippe, auf jeden Fall.

»Köstlich«, sagt der Vater. »Wieso denn auf einmal Nusskugeln?«

»Ich hab sie mir hart erarbeitet«, sagt Susi. »Wie findest du den bunten Streusel drauf?«

Auch Fritz ist an diesem Heiligen Abend sehr aufgeregt. Was werden seine Eltern zu dem Hirtenbild sagen? Vorsichts- und sicherheitshalber hat er noch eine extra-große Portion Nusskugeln vorbereitet.

»Eine Zeichnung!«, sagt die Mutter ganz erstaunt. »Von unserem Fritz!«

»Keine Kugeln?«, fragt der Vater. »Ja, wieso bist du denn auf einmal unter die Zeichner gegangen? So ein schönes Bild!«

»Ich bin nicht direkt unter die Zeichner gegangen«,

brummt Fritz. »Aber diese Zeichnung habe ich mir ehrlich erarbeitet . . . «

Die Mutter betrachtet die Zeichnung lang und aufmerksam. Sie lächelt und sagt: »Weißt du, was mir
besonders gefällt? Die süßen Kringellocken im Fell der
Schafe . . . «

BARBARA BARTOS-HÖPPNER

Der Wunschzettel oder Das Christkind ist da

Der 8. Dezember.

»Jetzt wird es aber höchste Zeit für eure Wunschzettel«, sagt Mutter zu Annerose und Schnüpperle. »Gestern Abend hat das Christkind schon angeklopft und gefragt, ob sie fertig sind.«

»Es war schon da?«, ruft Schnüpperle. »Wirklich? Bestimmt?«

Mutter nickt.

»Ich hab's aber gar nicht klopfen hören«, sagt Schnüpperle.

»Denkst du, es poltert so rum wie du?«, fragt Annerose.

»Das Christkind kommt immer erst, wenn ihr schlaft«, antwortet Mutter.

»Kommt's noch mal wieder?«, fragt Annerose.

»Ja«, sagt Mutter, »vielleicht heute schon.«

»Oh, da müssen wir uns aber beeilen. Dreimal kommt's bestimmt nicht«, sagt Annerose. »Gibst du mir einen Bogen von deinem guten Briefpapier, Mutter?«

»Mir auch?«, bettelt Schnüpperle.

»Du kannst ja noch gar nicht schreiben!«, sagt Annerose.

»Doch!«, sagt Schnüpperle. »Bloß noch nicht richtig. Aber wenn du den Stift mit anfasst, kann man's auch schon lesen.«

»Den Wunschzettel muss jeder ganz allein schreiben«, sagt Annerose.

»Die noch nicht schreiben können nicht, bestimmt nicht!«

»Doch!«

»Das Christkind braucht es ja nicht zu wissen. Wir ziehen eben die Vorhänge zu. Mutter wird schon nichts verraten.«

»Willst du schummeln? Beim Christkind? Zu Weihnachten?«

»Will ich nicht.«

Aber Schnüpperle ist doch verlegen.

»Du sollst bei mir bloß die Überschrift schreiben und unten Schnüpperle, damit mein Wunschzettel auch nicht verwechselt wird.«

»Wenn du Schnüpperle hilfst«, sagt Mutter zu Annerose, »wird sich das Christkind besonders freuen.«

»Siehste!«

»Aber Schnüpperle kann ebenso gut alles, was er sich wünscht, aufmalen und ich schreib seinen Namen selber drauf«, sagt Mutter und gibt jedem einen Bogen Briefpapier.

Nun ist Annerose verlegen. Sie möchte es aber gleich wieder gutmachen.

»Komm«, sagt sie zu Schnüpperle, »ich schreib für dich zuerst. Was soll denn drüber?«

»Was schreibst du denn bei dir?«

Annerose überlegt. »Ich schreibe: ›Liebes Christkind!‹ Oder warte mal. Ist ›An das liebe Christkind‹ besser?«

Schnüpperle stützt den Kopf in die Hand. »Das mit ›an‹, das find ich sehr schön.«

»An das ›liebe‹ Christkind oder an das ›gute‹ Christkind?«, fragt Annerose.

»An das ›liebe‹, Annerose. Ich bin für ›an das liebe‹. Das passt besser zu Christkind und hört sich auch schon ein bisschen nach Himmel an.«

»Also«, sagt Annerose und schreibt: *An das liebe Christkind!*

»So, jetzt kannst du malen.«

»Schreibst du bei dir dasselbe drüber?«

»Ja.«

An das liebe Christkind!
Ich wünsche mir für meine große Puppe Tina ein Himmelbett.
Der Stoff dran, wenn es geht, rosa oder grün. Blau bitte nicht,
wenn es geht, weil Tina ein Mädchen ist.
Das ist Anneroses größter Wunsch. Sie verschnauft.
»Was malst du denn da für Ostereier und so viele?«
»Sind doch alles Lutscher«, sagt Schnüpperle, »bloß die
Stängel fehlen noch. Ich wünsche mir ganz viele Lutscher. Ich habe sie zuerst genommen, weil es nicht gleich
so unverschämt aussieht, und einmalen muss ich mich
auch erst.«
Für Tina, schreibt Annerose weiter, *wünsche ich mir noch*
ein Taufkleid in Rosa oder Grün, wenn es geht, und aus Seide
und für mich einen Schirm und eine Handtasche, passend
zusammen. Und drei Bücher, Mutter weiß, wie sie heißen.
Und wenn es nicht zu viel ist, wünsche ich mir noch ein Paar
neue Schlittschuhe, weil meine alten schon zu klein geworden
sind.
»Was soll denn das sein?« Annerose sieht auf Schnüp-
perles Bogen. »Ein Pferd? Wünschst du dir ein Pferd?«
»Nein, das ist ein Hund.«
»Aus Stoff?«
»Nein, ein richtiger.«
»Du wünschst dir einen richtigen Hund?«
Schnüpperle nickt und wird rot. »Schon ganz lange«,
sagt er leise. »Bloß Vater hat immer gesagt, ein Hund

wäre zu teuer, und jetzt wünsche ich ihn mir eben vom Christkind, da kostet er ja nichts.«

»Ob das Christkind denn Hunde hat?«, fragt Annerose.

»Na klar! Susanne hat Knirpsi auch vom Christkind bekommen.«

»Und wenn er dir auch den Schneemann frisst?«

»Meiner nicht. Auf den pass ich auf!«

»Ich weiß nicht«, sagt Annerose, »ein Ersatzgeschenk würde ich doch aufmalen.«

»Aber ich will kein Ersatzgeschenk«, sagt Schnüpperle, »bloß 'n Hund und viele Lutscher. Und jetzt schreib darunter: *Es grüßt dich dein Schnüpperle.*«

ROSWITHA FRÖHLICH

Wie Joschi zu seinem Meerschweinchen kam

Seit er sechs Jahre alt war, wünschte sich Joschi ein Meerschweinchen. Aber jedes Mal, wenn er davon anfing, sagte seine Mutter: »Meerschweinchen stinken«, oder: »Meerschweinchen gehören in den Kleintierzoo«, oder: »Was soll das arme Tier in unserer Vierzimmerwohnung?«, und lauter solche Sachen.

In diesem Jahr hatte Joschi sich geschworen, dass sein Wunsch endlich in Erfüllung gehen müsse.

»Wetten, dass ich zu Weihnachten ein Meerschweinchen kriege?«, sagte er zu seinem Freund Karli. »Du wirst schon sehen . . .« Und dann schmiedete er einen Plan.

Endlich war es so weit. »Nur noch 24 Tage bis Weihnachten«, sagte seine Mutter. »Höchste Zeit, dass du

deinen Wunschzettel aufs Fensterbrett legst, damit der Weihnachtsmann ihn abholen kann.«

Joschi nickte höflich, machte ein möglichst harmloses Gesicht und begann mit der Arbeit. *Lieber Weihnachtsmann*, schrieb er, *ich wünsche mir dringend ein Nilpferd.* Ordentlich legte er den Zettel draußen vors Fenster und wartete gespannt, wie es weitergehen würde.

Schon am nächsten Morgen konnte er feststellen, dass sein Plan sich bewährte.

Als er nämlich in aller Frühe das Fenster öffnete, um zu sehen, ob der Zettel abgeholt worden war, entdeckte er etwas höchst Merkwürdiges: *Du spinnst wohl!*, hatte jemand in leuchtend roten Buchstaben auf einen Briefbogen geschrieben, der groß und deutlich die Unterschrift *Der Weihnachtsmann* trug.

Gut so!, dachte Joschi. Dann nahm er den Brief an sich und schrieb einen neuen Zettel. *Und wie wär's mit 1 Krokodil? Es könnte in der Badewanne schwimmen.*

Auch diesmal klappte es vorzüglich. Ein neuer Weihnachtsbrief leuchtete ihm am Morgen entgegen. *Krokodil leider nicht lieferbar* stand darauf, diesmal in grünen Buchstaben.

Noch besser, dachte Joschi, nahm den Brief an sich und schrieb den nächsten Zettel. *1 Känguru-Pärchen*, lautete sein Wunsch. *Beuteltiere führen wir nicht*, hieß diesmal die Antwort.

Von nun an war alles ganz einfach. Joschi brauchte sich nur noch ein paar ungewöhnliche Tiere einfallen zu lassen und schon lief alles wie am Schnürchen.

3 Hängebauchschweine, schrieb er am nächsten Tag. *Blödsinn*, hieß die Antwort. Und in diesem Stil ging es weiter.

Zwölf volle Tage war er damit beschäftigt, neue Zettel zu schreiben und die Weihnachtsmann-Antwortbriefe einzusammeln. So lange dauerte es nämlich noch bis zum Heiligen Abend.

Die Reihenfolge, die Joschi sich errechnet hatte, war so:

12. Dezember: *1 Schimpanse.*

Antwort: *Und wer kauft die Bananen?*

13. Dezember: *1 Berberlöwe.*

Antwort: *Schon mal was von Menschen fressenden Raubtieren gehört?*

14. Dezember: *Dann 1 Tüpfelhyäne.*

Antwort: *Und wo soll sie schlafen?*

15. Dezember: *1 Merinoschaf.*

Antwort: *Selber Schaf!*

16. Dezember: *1 junger Pottwal.*

Antwort: *Wohl größenwahnsinnig geworden?*

17. Dezember: *1 Pythonschlange.*

Antwort: *Kriechtiere unerwünscht!*

18. Dezember: *1 Hausziege.*

Antwort: *Ziegenmilch schmeckt abscheulich!*

19. Dezember: *Erbitte dringend wenigstens 1 Bergzebra.*

Antwort: *Wo sind denn hier Berge?*

20. Dezember: *Aber 1 Dromedar würde sich bei uns bestimmt wohl fühlen.*

Antwort: *Warum nicht gleich ein Kamel?*

21. Dezember: *Einverstanden. Habe mich außerdem für 1 Giraffe entschieden.*

Am nächsten Tag endlich geschah das, was Joschi schon lange erwartet hatte. Auf dem Fensterbrett lag nämlich nicht nur die übliche kurze Antwort in roten oder grünen Buchstaben, sondern ein regelrechter Brief, hastig mit einem gewöhnlichen Tintenkuli geschrieben und fast eine halbe Seite lang:

Lieber Joschi, stand dort, wie du auf dem Kalender siehst, ist übermorgen Weihnachten. Da du es bisher nicht geschafft hast, mir einen einzigen vernünftigen Wunsch aufzuschreiben, und da alle Tiere, die du mir genannt hast, nicht in eine Wohnung passen, ersuche ich dich hiermit umgehend bescheidener zu werden und dich auf eine kleinere Tiergattung zu beschränken.

Herzlichen Gruß. Der Weihnachtsmann.

Joschi wusste sofort, was er zu tun hatte. Hundertmal hatte er das Wort, das er jetzt niederschrieb, in Gedanken geübt. Er nahm den saubersten Zettel, den er finden konnte, und verfasste den ordentlichsten Wunschzettel seit 22 Tagen:

Lieber Weihnachtsmann, schrieb er, *entschuldige bitte, dass ich so unbescheiden war. Ich sehe ein, dass ich zu viel von dir verlangt habe, und schwöre mich zu bessern. Darum wünsche ich mir nur noch ein winziges Meerschweinchen. Am liebsten so eins wie das vom Karli. Also weiß mit kleinen schwarzen Tupfern. Karli sagt, dass ein Meerschweinchen überhaupt keine Arbeit macht. Außerdem finde ich es so niedlich. Vielen Dank im Voraus!*
Dein Joschi, Mühltalerstr. 7.

Am nächsten Tag schlich Joschi noch früher als sonst zum Fenster, weil er es vor Spannung nicht mehr erwarten konnte. Ob der Weihnachtsmann ihm auch darauf antworten würde? Diesmal aber war das Fensterbrett leer. Nur ein paar Schneeflocken konnte er entdecken, denn draußen hatte es angefangen zu schneien.
»Nun?«, fragten seine Eltern, als er zum Frühstück kam.
»Freust du dich schon auf morgen?«
»Und wie!«, antwortete Joschi. Mehr brachte er nicht heraus vor Aufregung.
Dann endlich war er da, der große Tag.
24. Dezember stand auf dem Kalender über Joschis Bett.
Joschi sah das Kalenderblatt eine Weile ganz genau an und dachte an sein Meerschweinchen. Ob der Weihnachtsmann endlich begriffen hatte?
Stunde um Stunde rückte der Augenblick näher, in dem

sich alles entscheiden würde. Und dann war es so weit. Die Türe zum Weihnachtszimmer wurde geöffnet und Joschi sah etwas, das schöner war als alle Christbaumkugeln und Weihnachtskerzen und Zimtsterne und Silbernüsse zusammen – nämlich ein winziges schwarz getupftes Meerschweinchen in einer Kiste unter dem Tannenbaum, das neugierig den Tannenduft schnupperte und fast so aussah wie das Meerschweinchen vom Karli.

»Hoffentlich stinkt es nicht«, sagte die Mutter.

»Immer noch besser als Dromedare und Giraffen«, sagte der Vater.

Aber Joschi hörte nicht, was sie sagten. Er war viel zu sehr damit beschäftigt, sein Meerschweinchen auf den Arm zu nehmen und eine Dankesrede an den Weihnachtsmann zu verfassen – in Gedanken natürlich. Dass auch ein kleiner Trick dabei gewesen war, wusste der Weihnachtsmann ja sowieso. Denn ein Weihnachtsmann weiß alles. Oder etwa nicht? – »Ich nenne es *Trick*«, sagte Joschi, während das Meerschweinchen leise quiekte. Fast klang es, als ob es kicherte.

Kapitel V

Geschichten von glücklichen Weihnachtsengeln und von kleinen Weihnachtsbären

FABIAN LITH

Wie der kleine Weihnachts-engel glücklich wurde

*A*ls der kleine Weihnachtsengel erwachte, befand er sich in dem festlich geschmückten Zimmer. Er hing an einem Zweig des Christbaumes ganz in der Nähe einer dicken roten Glaskugel, und wenn er in die Höhe schaute, bis zur Spitze des Baumes, so gewahrte er dort den Weihnachtsstern. Dem kleinen Weihnachtsengel wurde ganz feierlich zu Mute. Er erlebte dies alles ja zum ersten Male in seinem Leben; denn er war erst gestern gekauft worden.

»He, wer sind Sie denn?«, plärrte da eine Stimme durch den Raum. Der kleine Weihnachtsengel erschrak. »Ist da jemand?«, fragte er.

»Das will ich meinen«, lautete die Antwort. »Schauen Sie einmal nach unten.«

Der kleine Weihnachtsengel folgte dieser Aufforderung und erblickte zu Füßen des Christbaumes einen großen, bunt gekleideten Herrn mit einem entsetzlich breiten Mund.

»Ich bin ein Weihnachtsengel«, stellte sich der Weihnachtsengel vor. »Und wer sind Sie?«

Der bunt gekleidete Herr war empört über diese Frage. Er vertrat nämlich die Ansicht, jeder auf der Welt müsse ihn kennen. »Na, hören Sie mal!«, sagte er.

»Kennen Sie etwa mich, den Nussknacker, nicht? Ich bin eine der berühmtesten Persönlichkeiten aller Zeiten.« Und bei diesen Worten klapperte er abscheulich mit seinem breiten Mund.

»Entschuldigen Sie vielmals«, sagte der Weihnachtsengel. »Ich habe Sie wirklich noch nie in meinem Leben gesehen.«

»Ich dachte es mir«, erwiderte der Nussknacker. »Sie sehen auch ziemlich dumm aus und arm scheinen Sie obendrein zu sein.« Er wandte sich an einen Herrn, der neben ihm stand.

»Was meinen Sie dazu, Herr Räuchermännchen?«

Das Räuchermännchen sah aus wie ein Nachtwächter. Es trug einen breitkrempigen Hut, einen langen Mantel, ein Nachtwächterhorn und es paffte aus einer langen Großvaterpfeife.

»Mich geht das nichts an!«, brummelte das Räucher-

männchen und stieß eine dicke Rauchwolke von sich.
»Aber wenn Sie mich fragen, so meine ich, ein wenig
Farbe könnte nicht schaden.«
Der Nussknacker lachte laut auf.
»Ja, sehen Sie mich an, meine prächtige Uniform!«, rief
er. »Ein roter Rock mit goldenen Tressen, eine blaue
Hose und ein herrlich langer Säbel. Auf meiner Brust
erblicken Sie silberne und goldene Orden und meine
Mütze ist aus edlem Pelzwerk.«
Da musste der kleine Weihnachtsengel dem Nussknacker Recht geben. Er war wirklich ein schmucker
Herr, der sich sehen lassen konnte. Der kleine Weihnachtsengel hingegen trug nur ein schlichtes Hemd-
kleid, das ihm bis zu den Füßen reichte. Auf dem
Rücken hatte er zwei Flügel und das einzig Farbige an
ihm waren seine rosa Bäckchen. Und das war nun wahr-
haftig nicht viel.
Der kleine Weihnachtsengel schämte sich, dass er so
einfach gekleidet war, viel einfacher noch als das Räuchermännchen, das immerhin zum grünen Mantel einen blauen Hut trug, das ein goldenes Horn besaß und
eine braune Pfeife zum Räuchern.
»Es ist wirklich traurig, wenn man so aussieht wie Sie«,
meckerte der Nussknacker, klapperte mit seinem breiten Mund, wackelte mit dem Kopf und fragte: »Sind Sie
wenigstens zu etwas nütze?«

Der Weihnachtsengel wusste nicht, was das ist, zu etwas nütze sein. Er musste es sich vom Nussknacker erklären lassen.

Zu etwas nütze sein, so erläuterte ihm der Nussknacker, das sei, wenn man eine gewichtige Aufgabe zu erfüllen habe wie er zum Beispiel. »Ich knacke nämlich Nüsse«, sagte der Nussknacker und plusterte sich dabei gewaltig auf; denn er war der Meinung, Nüsse knacken sei überhaupt die wichtigste Beschäftigung der Welt. »Knacken Sie vielleicht Nüsse?«, fragte er den Weihnachtsengel.

»Nein«, antwortete der Weihnachtsengel leise, »ich knacke keine Nüsse.«

»Das war mir von Anfang an klar!«, rief der Nussknacker. »Sie haben auch einen viel zu kleinen Mund.« Er blickte triumphierend in die Runde, als suche er Beifall für seine Worte. Aber nur das Räuchermännchen nickte mit dem Kopf und meinte, so einfach sei es eben nicht, zu etwas nütze zu sein. Und das Räuchermännchen fragte den Weihnachtsengel, ob er denn vielleicht räuchern und für einen guten Duft in der Weihnachtsstube sorgen könne.

Der Weihnachtsengel musste gestehen, dass er auch nicht zu räuchern verstehe.

»Dann können wir leider nicht mit Ihnen verkehren!«, rief hochnäsig der Nussknacker. »Wir unterhalten uns

nur mit Leuten, die farbenprächtig gekleidet sind, wie es sich gehört, und die zu etwas nütze sind.» Das Räuchermännchen nickte zu diesen Worten und stieß dicke Rauchwolken aus, während der Nussknacker mit dem breiten Mund klapperte.

Eine winzige Träne kullerte dem kleinen Weihnachtsengel über das Gesicht. Er wandte sich hilfesuchend an den Nussknacker und fragte: »Was soll ich tun? Was raten Sie mir?«

Der Nussknacker lachte hämisch und sagte: »Ich an Ihrer Stelle würde rasch zurückkehren in den Pappkarton, der auf dem Speicher steht.«

Ehe aber der Weihnachtsengel diesen bösen Rat befolgen konnte, öffnete sich die Tür der Weihnachtsstube. Der Vater trat ein, nahm ein Zündholz und steckte die Kerzen in Brand. Dann läutete er mit einer kleinen Porzellanglocke und die Mutter kam mit den Kindern ins Zimmer. Alle sangen gemeinsam ein Weihnachtslied und jedes der Kinder musste ein Gedicht aufsagen. Thomas aber, der Jüngste, blieb mitten in seinem Gedicht stecken. Er hatte den neuen Weihnachtsengel im Baum entdeckt und glücklich rief er: »Oh, Mutti, ist der schön!«

Bums – machte es da. Der Nussknacker war vor Ärger umgefallen und das Räuchermännchen verschluckte sich vor Schreck am Rauch und musste husten. Aber

niemand kümmerte sich um sie. Alle betrachteten den kleinen Weihnachtsengel.

Dessen Wangen aber röteten sich vor Freude noch mehr. Er wusste nun, dass man nicht unbedingt bunt sein und mit einem breiten Mund klappern muss. Auch ein schlichter Weihnachtsengel ist schön. Thomas hatte es gesagt.

Und nützlich? Na, ist es nichts, wenn einer einen kleinen Buben glücklich macht?

ANGELIKA MECHTEL

Der Engel auf dem Dach

Es war einmal eine Großmutter, die hatte kein Talent für Weihnachten. Sie konnte weder backen noch stricken, noch singen oder gar Geschichten erzählen. Sie hatte auch keine Lust dazu. Viel lieber setzte sie sich am Heiligabend auf einen Kamin, hoch oben auf einem Hausdach, und schaute den Weihnachtsengeln beim Fußballspielen zu.

So könnte diese Geschichte, die, das schwöre ich, ganz bestimmt kein Märchen ist – oder vielleicht doch? –, beginnen. Aber ich fange lieber einen Tag früher an und erzähle, was wirklich passiert ist.

Das gibt es doch nicht, denke ich, das gibt es doch nicht, dass mir überhaupt nichts einfällt!

Seit zwei Stunden sitze ich am Schreibtisch und zerbre-

che mir den Kopf über eine Geschichte, die ich erfinden will. Sich den Kopf zerbrechen ist glücklicherweise nur eine Redensart. Und so ist mein Kopf selbstverständlich noch ganz in Ordnung.

Trotzdem fällt mir einfach nichts ein. Schließlich stehe ich vom Schreibtisch auf, trete ans Fenster und sehe hinaus. Genau in diesem Augenblick passiert es. Ich entdecke einen Weihnachtsengel auf der Fernsehantenne.

Wenn ich sonst aus dem Fenster gucke, sehe ich Hausdächer, Schornsteine, Kirchturmspitzen, Baumspitzen, große und kleine Dachfenster, ich sehe Leute, die sich hinter den Fenstern bewegen, den Himmel über der Stadt und die Wolken und natürlich eine Menge Fernsehantennen, größere und kleinere, solche, die der Wind schief gestellt hat, andere, die wie dünne, rostige Bäume mit vielen Ästen aussehen.

Manchmal sitzt eine Amsel auf so einem Ast aus Metall, aber niemals ein Weihnachtsengel.

Der, den ich entdecke, der sitzt auch nicht; der macht Klimmzüge an einer Fernsehantenne. Er sieht ganz normal aus, wie Weihnachtsengel eben so aussehen: ungefähr so groß wie ein Zehnjähriger, schwarze Wuschelhaare, eine Stupsnase, zwei Flügel auf dem Rücken, dort wo sie hingehören, und ein weißes, langes Hemd am Leib.

Ich reiße erschreckt das Fenster auf. »He!«, schreie ich hinüber zum anderen Hausdach. »He, du! Pass auf, dass du nicht runterfällst!«

So ein Unsinn. Er hat ja Flügel.

Mit einem Bauchaufschwung setzt er sich rittlings auf einen Antennenarm, schaukelt fröhlich hin und her und streckt mir die Zunge heraus.

Dürfen Weihnachtsengel das?

»Ich übe!«, ruft er zurück. »Ich übe für die Weihnachtsengelweltmeisterschaft!«

Weihnachtsengelweltmeisterschaft?

Nie davon gehört.

Es scheint ein zutraulicher Weihnachtsengel zu sein. Etwas später fliegt er von einem Hausdach zum anderen und setzt sich auf mein Fensterbrett.

»Wann findet denn die Weihnachtsengelweltmeisterschaft statt?«, erkundige ich mich.

»An Weihnachten, wann sonst?« Seine Hände sind schwarz vom Herumturnen an der Fernsehantenne. Er wischt sie an seinem schönen, weißen Hemd ab. Wie zufällig berühre ich einen seiner Flügel mit den Fingerspitzen. Er fühlt sich ganz echt an und sieht aus, als sei er aus großen, weißen Federn gemacht.

»An Weihnachten«, wende ich ein, »an Weihnachten habt ihr doch etwas anderes zu tun.«

Er baumelt mit den nackten Füßen, grinst fröhlich und

fragt, ob ich ihm nicht ein Glas Milch spendieren könnte. Milch ist gut, wenn man sportlich fit bleiben möchte. Ich bitte ihn, nicht wegzufliegen, und hole aus der Küche ein großes Glas Milch. Das trinkt er in einem Zug aus, wischt sich die Lippen mit dem Handrücken ab und hat nun auch Dreckspuren im Gesicht.

»Warum macht ihr die Weltmeisterschaft nicht im Sommer?«, frage ich. »Da habt ihr doch nichts zu tun.«

Wahrscheinlich, überlege ich, sage es aber nicht laut, wahrscheinlich liegen Weihnachtsengel im Sommer auf der faulen Haut unter einem Sonnenschirm am Strand und lassen es sich gut gehen, während ich auch im Sommer Geschichten erfinde.

»Geht nicht«, antwortet er. »Im Sommer halten Weihnachtsengel Sommerschlaf.«

Na bitte. Aber zur Weihnachtszeit, da haben Weihnachtsengel doch alle Hände voll zu tun, so wie die Osterhasen zu Ostern. Oder etwa nicht? Wie, bitte schön, findet ein Osterhase zu Ostern Zeit an einem Reck zu turnen, Kugeln zu stoßen oder einen Speer zu werfen? Denn alles das gehört ja zu einer Weltmeisterschaft.

Der Weihnachtsengel auf dem Fenstersims meiner Dachwohnung im vierten Stock erzählt mir stolz, dass er letztes Weihnachten die Bronzemedaille am Reck geholt hat. Dieses Jahr will er Silber schaffen und beim

nächsten Mal natürlich Gold. Die Weihnachtsengel-weltmeisterschaft selbst findet am Heiligabend statt, erklärt er mir. Dann sprinten die Engel über Hausdä-cher, springen von Kamin zu Kamin oder im Stabhoch-sprung quer über die Straße von einer Regenrinne zur anderen. Zum Kugelstoßen benutzen sie Flachdächer, zum Geräteturnen die Fernsehantennen, und das Bo-denturnen absolvieren sie selbstverständlich in der Luft, hoch über der Stadt, wie Engel das eben so tun; sie haben ja Flügel.

»Und was ist mit der Bescherung an Heiligabend?«, will ich wissen.

Der Weihnachtsengel bohrt nachdenklich in der Nase.

»Die Kinder warten doch auf ihre Geschenke!«, sage ich.

»Jaja«, antwortet er, hört auf in der Nase zu bohren und kratzt sich etwas verlegen hinterm rechten Ohr. »Du hast ja Recht«, gibt er zu und ich bin stolz, dass er mich duzt. Wer kann schon von sich behaupten mit einem Weihnachtsengel auf Du und Du zu stehen?

»Du hast ja Recht«, sagt er noch einmal. »Die Sache ist nur die, dass wir gar nicht mehr gebraucht werden.«

Wie bitte? Als ich ein kleines Mädchen war, habe ich jedes Mal auf den Weihnachtsengel gewartet, wegen der Geschenke.

»Wer wartet denn heute noch auf einen Weihnachtsen-gel?« Der Weihnachtsengel lacht etwas bekümmert.

»Ihr kauft doch heutzutage die Geschenke in den Warenhäusern und schließt an Weihnachten Fenster und Türen zu. Da hat unsereins keine Chance, das musst du zugeben!«

Ja. Es bleibt mir nichts anderes übrig als zuzugeben, dass ein Weihnachtsengel heutzutage kaum noch Chancen hat.

»Und deshalb«, so erklärt er mir, »haben wir die Weihnachtsengelweltmeisterschaft erfunden. Irgendetwas müssen wir ja an Weihnachten tun. Wir können doch nicht nur dumm aus der Wäsche gucken.«

Ich fühle, wie ich genauso bekümmert werde wie er. Die Weihnachtsengel tun mir Leid.

Das scheint jedoch gar nicht nötig zu sein.

Der stupsnasige, wuschelhaarige Weihnachtsengel auf meinem Fensterbrett grinst mich wieder fröhlich an, baumelt mit den Beinen und fragt, ob er mir vielleicht einen Regenschirm leihen könnte. Zu Recht. Es sieht nach Regen aus. Ich hole den Regenschirm, den ich als einzigen noch nicht verloren habe, und mein Weihnachtsengel verspricht gelegentlich wiederzukommen und mir seine Kür an einer Fernsehantenne vorzuturnen.

»Wenn du Lust hast«, meint er, »kannst du natürlich auch unser Ehrengast an Weihnachten sein. Du musst dich nur trauen auf einem Kamin zu sitzen.«

Mir wird ein bisschen schwindlig bei diesem Gedanken, aber ich will es mir überlegen.

Dann spannt er den Schirm auf und fliegt davon.

Ich blicke ihm nach. Wenn er, denke ich, wenn er kein Weihnachtsengel und ich nicht schon Großmutter, sondern noch ein kleines Mädchen wäre, ja, dann könnte ich mich sofort in ihn verlieben.

Ich schließe das Fenster, kehre an meinen Schreibtisch zurück und schreibe diese Geschichte auf, die ich gar nicht erst erfinden muss.

So endet diese Geschichte – oder fängt sie gerade erst an? Wie dem auch sei, ich schwöre, ich habe noch nie auf einem Kamin gesessen. Das hat einen guten Grund. Ich bin nämlich nicht schwindelfrei.

BARBARA CRATZIUS

Der neue Engel

*H*eute hat Frau Krause im Kindergarten die erste Kerze am Adventskranz angezündet. Die Kinder kommen hereingestürmt. Im großen Gruppenraum ist es ganz schummerig. Da werden auch der wilde Jörg und Michael still, setzen sich leise auf ihre Plätze und gucken in das flackernde Kerzenlicht.

»Wollen wir heute unser Weihnachtsspiel weiterüben?«, fragt Frau Krause. »Oh ja!«, rufen die Kinder durcheinander.

»Ich möchte heute mal den Mohrenkönig spielen!«, schreit Nils. »Nein, ich!«, ruft Frank. Schon stürzen die beiden zur Spielkiste. Jeder will sich zuerst den großen weißen Turban mit der glänzenden Brosche herausziehen. Beinahe hätten sie ein kleines dunkelhaariges Mäd-

135

chen umgerannt, das, nahe an die Mutter gepresst, schüchtern an der Tür steht. Mit großen schwarzen, ängstlichen Augen guckt sie auf die streitenden Jungen vor ihr. Frau Krause geht freundlich auf die beiden zu. »Ach, das ist ja unsere kleine Carmen!«, sagt sie lächelnd. »Das passt ja gut, dass sie so früh kommt, dann kann sie gleich zugucken, wie wir unser Weihnachtsspiel üben. Komm, Carmen, setze dich hierher neben Peter und Gesa.«

Schüchtern setzt sich das kleine Mädchen hin. Die Mutter gibt ihr einen Kuss und winkt ihr noch einmal zu. Dann ist Carmen ganz allein zwischen all den vielen neuen Gesichtern.

»So, das ist Carmen aus Spanien!«, sagt Frau Krause. »Sie kann noch gar kein Wort Deutsch. Ihr müsst wirklich nett zu ihr sein und versuchen mit ihr zu spielen und mit ihr zu sprechen, auch wenn sie es zuerst nicht versteht. Vielleicht kann auch mal am Nachmittag jemand sie besuchen.

Gesa, sie wohnt in derselben Straße wie du. Gehe doch heute Mittag mit ihr nach Hause und hole sie morgen früh ab!«

»So, nun wollen wir aber spielen!«, drängen die Kinder. Frank kommt schon mit der großen Krone vom König Balthasar und mit dem schönen roten Königsmantel anmarschiert. Robert ist der König Melchior mit einer

langen bunten gestickten Schleppe. Die goldenen Ketten am Hals und an den Armen glitzern.

Nils hat schon als Mohrenkönig den weißen Turban aufgesetzt. »Schade – ich hab bloß keine Ohrringe gefunden!«, ruft er. »Du – die Carmen hat doch so schöne Ohrringe, die kannst du ja nehmen!«, lacht Peter. »Was – ein Mädchen mit Ohrringen!« Olaf und Jörg lachen laut los. Jetzt schauen auch die anderen die kleine Neue näher an. »Guck mal, was die für einen weiten Rock anhat, die sieht aus wie eine Faschingsprinzessin!«, grinst Karen. »Lauter Rüschen! Ob die nicht mal richtige Jeans hat?« Die Kinder starren die kleine Prinzessin an. Carmen weiß nicht, wo sie hinschauen soll.

»So, jetzt lasst sie endlich in Ruhe!«, ruft Frau Krause. »Nils, Frank und Olaf, nehmt eure Geschenke in die Hand! Kommt schön langsam durch den Sand geschritten und erzählt uns, was ihr in der Wüste alles gesehen und erlebt habt!«

»Ich sehe ganz viele Palmen!«, ruft Robert. »Und ich hab solchen Durst! Gibt es denn hier keinen Brunnen in der Nähe?«, fragt Frank. »Mein Kamel hat mich runtergeworfen!«, jammert Nils.

Nun wollen die anderen Kinder auch mitspielen. Karen will Hirtenjunge sein, Gesa will den alten Hirten spielen, viele Kinder wollen einfach Schafe und Hunde sein. Den schönen roten Mantel der Maria und den großen Hirten-

hut des Josef wollen auch mehrere Kinder ausprobieren. Carmen sitzt ganz still auf ihrem Stuhl und beobachtet die spielenden Kinder. »Möchtest du auch etwas haben?«, fragt Frau Krause und hält ihr ein großes weißes Schaffell hin. Carmen schüttelt ängstlich den Kopf.

Als sie sich nachher um die Strohhalme und den Kakao drängen, wird sie immer wieder zurückgestoßen. Nils zupft sie von hinten an ihrer großen roten Schleife. Peter pufft sie in die Seite.

Endlich ist es Mittag. »Komm!«, sagt Gesa, »wir gehen zusammen nach Hause!«

Draußen wartet schon die Mutter von Carmen. Gesa wundert sich, wie laut und schnell Carmen plötzlich sprechen kann. Ihr ängstliches Gesicht hellt sich auf, sie sieht richtig hübsch aus, als sie der Mutter schnell und hastig all ihre Erlebnisse am ersten Tag im Kindergarten erzählt.

Schon stehen sie vor Carmens Haus. »Spielen?«, fragt Carmens Mutter. Eigentlich hat Gesa keine Lust. Aber die kleine Neue schaut sie ganz bittend an. Carmens Mutter hält vier Finger hoch. »Vier – du kommen?«

»Na gut«, sagt Gesa zögernd, »ich komme mal kurz bei euch vorbei!«

Aber dann bleibt sie doch über zwei Stunden. Es gibt so viel zu sehen bei der spanischen Familie und es ist auch gar nicht langweilig.

Sie kann es kaum erwarten, am nächsten Tag Frau Krause und den anderen Kindern alles zu erzählen.

»Und eine Krippe haben die! Richtig tolle Holzfiguren, ganz große, Maria und Josef und viele Engel. Und obendrüber hat der Vater von Carmen eine Glühbirne angebracht, die strahlt ganz hell, wenn es dunkel ist. Und ich weiß auch, was Carmen in unserem Weihnachtsspiel sein kann! Sie hat nämlich ein ganz tolles weißes Kleid mit lauter Rüschen und Falten aus Spanien. Darauf kann sie Sterne kleben und dann ist sie der Engel an der Krippe! Da braucht sie kein Wort zu sprechen, nur ganz ernst zu gucken!«

»Du, das ist eine ganz tolle Idee!«, sagt Frau Krause. »Das wollen wir doch gleich mal versuchen, auch ohne Engelskleid! Komm, Carmen, nimm die Kerze in die Hand! Du bist nicht so zappelig, dir kann ich die Kerze sogar anzünden!« Carmens dunkle Augen strahlen.

CHRISTA KOZIK

Der Engel mit dem goldenen Schnurrbart

Ein Regen, zwei Regen, drei Regen!
Dicke Tränen trippelten die Scheibe herunter und Lilli
hatte schon eine platte Nase vom Hinaussehen.
Wenn doch endlich mal was ganz Außergewöhnliches
passieren würde! Eine Anakonda müsste friedlich über
den Alexanderplatz schleichen oder das Hochhaus
könnte sich in ein Geisterschloss verwandeln mit ge-
heimnisvollen Gängen und Spinnweben und Geheim-
zimmern.
Oder ein Stern müsste auf das Fensterbrett fallen.
Lilli kannte das Leben und sie wusste: Nur ganz selten
passiert etwas Außergewöhnliches.
Sie wollte gerade ihren Fensterplatz verlassen, da sah
sie etwas Weißes an der Fensterscheibe vorbeifliegen.

Sieht aus wie ein Nachthemd, dachte Lilli. Wahrscheinlich hat es der Wind von der Leine gelöst. Und dann sagen sie wieder, Wäsche wird geklaut, und wem schiebt man's in die Schuhe, den Hochhauskindern natürlich.

Doch da flog das Weiße noch einmal vorbei.

Nie gewusst, dass Nachthemden so hoch fliegen. Sie drückte die Nase an der Fensterscheibe platt, um das fliegende Nachthemd genauer zu betrachten.

Mit Erstaunen entdeckte Lilli: Das Nachthemd hatte Hände und Füße und einen Kopf. Der Kopf hatte schwarze lange Haare, die sich regennass ringelten. Unter der Nase blitzte es golden. Das war ein goldener Schnurrbart.

Moment, dachte Lilli und wischte sich über die Augen. Vielleicht habe ich vom vielen Quarkessen schon Sehstörungen. Aber da klopfte es an die Fensterscheibe und Lilli sah zwei nackte Füße auf ihrem schmalen Fensterbrett stehen.

Sie öffnete eilig das Fenster und herein schwebte das seltsame Geschöpf im Nachthemd. Es flog eine sanfte Runde um die Lampe, dass sie wackelte, dann prallte es unsanft mit dem Kopf an die Wand und landete auf Lillis Tisch. Ein wenig flatterte es noch mit den kleinen Flügeln.

»Entschuldigung«, sagte das kleine Geschöpf höflich.

»Kannst du mir bitte mein Hemd waschen? Ich bin in eine Pfütze gefallen.«
Es schüttelte sich, dass die Regentropfen wie Perlen von ihm abfielen, und zeigte auf die Schmutzflecken auf seinem weißen Hemd.
Lilli war starr vor Staunen. Um überhaupt etwas zu sagen, stammelte sie: »Bist du ein Kosmonaut?«
Das Geschöpf schüttelte den Kopf.
»Ich bin ein Engel«, antwortete es artig und faltete die Hände.
»Wohnst du in Engeland?«, fragte Lilli mit zittriger Stimme.
Der Engel seufzte tief. »Nein, ich wohne etwas weiter.«
Er setzte sich jetzt auf den Tisch und ließ die Engelsbeine baumeln. Unter ihm bildete sich eine Pfütze.
Misstrauisch betrachtete Lilli seine kleinen weißen Flügel. Sie ähnelten Gänseflügeln und bestanden aus dicht gewachsenen schneeweißen Federn. Von seinem Gesicht ging ein geheimnisvolles Leuchten aus und aus seinen Augen funkelten kleine Blitze. Sternblitze.
Es schien Lilli, dass er nicht viel älter war als sie selber.
Der Engel musste niesen, sein goldener Schnurrbart zitterte. Das Niesen klang wie Glöckchenläuten.
»Ich habe mich – hatschiiie – erkältet. Es hat ja drei Tage geregnet.«

»Ich dachte, Engel sind ausgestorben«, sagte Lilli sachlich. »Bei uns gibt es sie nur noch in Weihnachtsliedern.«

»Fass mal an und dann sag, ob ich ausgestorben bin.« Und er kam mit seinem Gesicht ganz dicht an Lillis Gesicht, dass sein goldener Schnurrbart, der sich in feinen Goldfäden über der Oberlippe kräuselte, Lillis Wange kitzelte.

Das Kitzeln war so aufregend, dass Lilli nicht länger an seiner Erscheinung zweifeln konnte.

»Sprechen Engel Englisch?«, fragte Lilli.

»Wir Engel können alle Sprachen, auch die galaktischen Weltsprachen. Dafür können wir nicht gut rechnen.«

Wieder nieste es zierlich und siebenmal hintereinander. Und wieder bimmelte es und Lilli bemerkte erst jetzt, dass er um den Hals an einer Schnur ein goldenes Glöckchen trug.

Der Engel sprang vom Tisch und sah an sich herunter. Das Hemd klebte nass an seiner Haut.

»Zieh mal gleich dein nasses Hemd aus, ich werde es in die Waschmaschine stecken«, meinte Lilli.

Der Engel bekam rote Ohren und zögerte etwas.

»Du hast wohl nichts drunter? Auch keine Turnhose?«

»Wir Engel sind ein wenig altmodisch«, lächelte er verschämt. »Turnhosen sind bei uns unbekannt. Wir tragen nur Hemden, wegen des Fliegens.«

Lilli ging mit ihm ins Bad und zeigte ihm ihren Bade-

mantel. Als nun der Engel im Badezimmer allein war und sich das nasse Hemd auszog, begegnete er seinem Spiegelbild. Er war im ersten Moment sehr betroffen, denn bisher kannte er nur den Spiegel des Wassers. Er drückte sein Gesicht dicht an das Spiegelglas und fand Gefallen an sich. Er betrachtete seine schwarzen Ringellocken und freute sich, wie der Spiegel die kleinen Sternblitze seiner Augen zurückfunkelte. Der goldene Schnurrbart unterstrich golden sein Lächeln.

So stand er barfuß vom Kopf bis zu den Engelsfüßen. Er griff nach einer Zahnbürste und bürstete sich den goldenen Schnurrbart, dass er sich verwegen aufwärts bäumte.

Dann zog er Lillis Bademantel an. Das bereitete einige Schwierigkeiten, denn seine Flügel passten nicht in die Ärmel hinein, sondern bildeten unter dem Bademantel am Rücken einen kleinen Buckel. Anschließend musste er mal.

Was er nur so lange macht, dachte Lilli gerade. Sie hörte die Klospülung rauschen und im selben Moment kam der Engel aus der Tür und schrie: »Hilfe, das Wasser, es stürzt aus der Wand.«

»Das haben Klospülungen so an sich«, meinte Lilli gelassen. »Da kannste mal sehen, wie modern wir auf der Erde sind.«

Dann ging sie ins Bad, um sein Nachthemd zu waschen. Als sie es in der Hand hielt, staunte sie über den spinn-

webfeinen Stoff, der war so leicht, dass er zu schweben schien. Und weil das Hemd so weit geschnitten war, bauschte es sich bei jeder Bewegung wie ein Segel.

Es strömt ein großes Geheimnis aus, fand Lilli. Hinten auf dem Rücken waren zwei Schlitze für die Flügel.

Sie steckte das Nachthemd in die Waschmaschine, schüttete reichlich Waschpulver hinein und drückte die Knöpfe.

Als Lilli wieder ins Zimmer kam, saß der Engel auf dem Sofa, hatte die Engelsbeine übereinander geschlagen und rieb sich seine roten Füße. Ab und zu nieste er.

Lilli gab ihm weiße Wollsocken. Er zog sie an, meinte, dass sie den gleichen Geschmack hätten, auch er trage weiße Strümpfe am liebsten. Dann fragte er nach ihrem Namen.

»Ich heiße Liliana, aber Mama meint, in den Namen muss ich erst hineinwachsen. Du kannst Lilli zu mir sagen.«

»Angenehm«, sagte der Engel und neigte den Kopf. »Ich heiße Ambrosius.«

Lilli bot Ambrosius Kekse an und sie blickten sich beide freundlich in die Augen, während die Kekse krachten und es draußen weiter- und weiterregnete.

Es regnete den ganzen langen Nachmittag. Ein Regen, zwei Regen, drei Regen.

Und der Regen war ein schöner Grund für den Engel Ambrosius, noch bei Lilli zu bleiben.

145

JANOSCH

Die Bärenweihnacht

*I*n dem einen Jahr, da geschah es, dass der alte Korbinian zu Weihnachten ganz allein war. Seine Freunde waren weg und niemand hatte zu ihm gesagt: »Du kannst doch ganz einfach zu uns kommen. Ja, komm doch zu uns, wir warten, bis du kommst.« Und so war der alte Korbinian allein geblieben. Er hatte auch kein Holz mehr zum Heizen und es fror ihm an den Händen. »Ich werde vielleicht über die Felder gehen«, sagte er zu sich, »das macht warm.« Und er ging an den Häusern vorbei aus der Stadt hinaus bis zu der Böschung, von wo aus man den Fluss sehen kann. Er ging so vor sich hin und merkte mit einem Mal, dass jemand neben ihm ging. Ein Fuchs! Sie gingen eine Weile nebeneinander her und keiner fragte den anderen: Woher oder wohin.

Bald sah der alte Korbinian, dass auch noch fünf Krähen und zwei Hasen, sieben Waldmäuse und ein Wiesel mitgingen.

Und sie gingen nebeneinander und setzten einen Fuß vor den andern und keiner sagte ein Wort, denn Tiere sind wortkarg. Erst bei der Buche beim kleinen Wald kratzte ihn der eine Hase am Bein und sagte in der Hasensprache: »Ob Sie mich bitte schön tragen könnten, Herr Korbinian? Ein kleines Stück bloß. Nicht weit. Ich bin auch gar nicht schwer. Hasengewicht. Meine Beine, wissen Sie, mir ist so kalt. Auch bin ich nicht mehr der Jüngste.«

Da nahm Korbinian den Hasen auf die Schulter. Bald krochen die Waldmäuse in seine Taschen und das Wiesel unter seine Jacke. Dann nahmen auch die größeren Tiere die kleineren auf den Rücken, weil ihnen die Beine weh taten.

Sie waren zusammen schon vierundsechzig Waldtiere, elf Vögel und ein Hund aus einem fremden Dorf. »Ein kleines Stück bloß noch«, flüsterte das Wiesel dem Korbinian ins Ohr, »wir gehen nämlich zum Bären. Bei ihm ist es warm und heute ist doch die große Nacht. Der Bär ist der König.«

Ich weiß schon, manche denken, es gäbe gar keine Bären, aber in solchen Nächten gibt es Bären!

Der Bär war böse. »Wer ist der Mensch! Wo habt ihr ihn

her, wer hat ihn mitgebracht? Noch nie war ein Mensch
hier, nie!«

Da setzte sich ein kleiner Hänfling auf die Bärenschulter
des Königs und sang ihm ins Ohr: »Ich, bitte schön, Herr
König. Ich kenne ihn. Er ist der Korbinian. Ich kenne ihn
sogar persönlich. Sie wissen schon, er hat mich im vorigen Jahr auf dem Vogelmarkt gekauft und freigelassen.
So etwas tat vorher noch niemand. Das ist eine Tat, Herr
Bär, und ich lege für ihn meinen Flügel ins Feuer, wenn
Sie wollen. Meine Familie und ich haben den ganzen
Sommer das Lied von dem wunderbaren Mann gesungen, Sie werden sich vielleicht erinnern. Er soll bitte
bleiben.«

Da drängten sich die Stadtmäuse nach vorn und riefen:
»Jaja! Das stimmt. Er ist der Korbinian. Wir kennen ihn
gut. Er hat immer sein Brot mit uns geteilt. Jeder die
Hälfte, ganz ehrlich. Er ist ein guter Mensch, Herr König. Und wo sollte er überhaupt hingehen, wenn Sie ihn
wegschicken? Wo denn hin?«

Da wurden die Augen des Bären ganz hell und er wischte sich mit der Pfote über die Schnauze und sagte: »Er
bleibt.«

Die Tiere setzten sich um den Bären und ihre Augen
sahen aus wie klares Wasser. »Macht die Lichter an,
Freunde!«, sagte der Bär und die Adler flogen zu den
Sternen und putzten sie mit ihren Flügeln. Das war eine

Nacht, die so groß war, dass den Korbinian die Erde nicht mehr unter den Füßen drückte. »Und was habt ihr mir zu sagen, Tiere?«, sagte der Bär. Ein Hamster trat vor, knöpfte seinen Pelz auf und sagte: »Hier ist ein Schmetterling, Herr König. Ich habe einen Schmetterling vor dem Erfrieren gerettet.« Er legte ihn dem König zur Probe auf die Pfote, damit er ihn spüren konnte, und steckte ihn dann vorsichtig wieder unter die Pelzjacke. Da hörte der Korbinian, wie jemand neben ihm flüsterte: »Der Mann! Vielleicht hat der Mann Hunger.« Und er merkte, wie ein Eichhörnchen ihm seinen Nussvorrat in die Tasche steckte. Heimlich, und alle Nüsse geknackt. Er probierte die Nüsse, sie waren so wie früher, als er noch nicht allein war. (Hinter dem Rücken verteilte er sie wieder an die Waldmäuse.) Und er hörte, wie jemand sagte: »Vielleicht friert es den Korbinian.« Da legten sich die Hasen auf seine Füße und wärmten ihn. Der Bär und die Sterne waren gar nicht mehr weit. Und der Hamster flüsterte ihm ins Ohr: »Ich könnte dir meinen Schmetterling schenken, wenn du magst. Ich selber brauche ihn ehrlich nicht.«
Der Hänfling setzte sich ganz nah bei seinem Gesicht nieder, und als er den Schnabel auf seinen Schnurrbart legte, da träumte der alte Korbinian vom lieben Gott.

FREDRIK VAHLE

Der kleine Bär und die lange kalte Winternacht

Es war einmal ein kleiner Bär, der freute sich, dass es Sommer war und die Sonne schien. Die Fliegen flogen umher, die Bienen summten und die Brummer brummten und der kleine Bär brummte auch. Er brummte das Honiglied. Das brummte er am liebsten im Sommer, wenn die Sonne schien.

Aber der Sommer ging vorbei und dann kam der Herbst. Der Wind wehte die Wolken über den Himmel und die Blätter von den Bäumen. Die Vögel hörten auf zu singen, flogen einfach weg, ließen sich nicht mehr blicken und es wurde auch schon ein bisschen kalt.

Und dann kam der Winter. Die Erde wurde hart vom Frost. Es fing an zu schneien und im Wald war es ganz still. Die Tage wurden immer kürzer und die lange, kalte Winternacht wurde immer länger. Jeden Abend kam sie etwas früher über den Wald.

Da verkroch sich der kleine Bär in einem hohlen Baum und machte die Augen zu. Aber die lange, kalte Winternacht wurde trotzdem immer länger und die Tage wurden immer kürzer und die Sonne wurde immer schwächer.

Da bekam der kleine Bär eine große Wut. Er wartete hinter einem Baum, bis die lange, kalte Winternacht kam, und dann sprang er hervor und brummte so laut und böse, wie er nur konnte.

Aber die lange, kalte Winternacht ließ sich nicht verscheuchen. Sie wurde immer länger und kälter.

»Ich muss eine Fallgrube buddeln«, sagte der kleine Bär. Er buddelte den ganzen Tag, bis er eine tiefe Grube gebuddelt hatte. Die lange, kalte Winternacht kam. Aber sie ließ sich nicht einfangen. Sie wurde immer länger und kälter.

»Dann werde ich sie eben erschrecken«, sagte der kleine Bär, »damit sie ein für alle Mal verschwindet.«

Und der kleine Bär machte sich eine entsetzliche Geistermaske. Als die lange, kalte Winternacht kam, sprang er hervor und brummte fürchterlich.

Aber die lange, kalte Winternacht ließ sich nicht erschrecken. Sie wurde immer länger und kälter.

Doch der kleine Bär gab nicht auf.

»Ich werde noch mehr Lärm machen«, sagte er und er machte die fürchterlichsten Bärenbrummtöne und ein Getöse im Steinbruch, dass allen Tieren die Ohren weh taten. Der Dachs wurde wach und der Igel und das Eichhörnchen.

Auch der alte Bär wurde wach und brummte: »Was ist los?«

»Die lange, kalte Winternacht«, sagte der kleine Bär.

»Sie wird immer länger, und wenn sie noch länger wird, dann wird eines Tages die Sonne überhaupt nicht mehr scheinen, es wird ganz kalt und wir werden alle erfrieren!«

»Aber das stimmt nicht«, sagte der alte Bär. »Letztes Jahr war es ganz anders.«

Mehr wusste er nicht, denn er war sehr vergesslich.

Da fiel ihm ein, dass der Förster im letzten Jahr – gerade als die lange, kalte Winternacht am längsten und kältesten war – eine Tanne aus dem Wald geholt und ins Haus getragen hatte.

»Und dann hat der Baum geleuchtet«, sagte der große Bär.

Aber mehr wusste er nicht, denn er war sehr vergesslich.

Da wurde der kleine Bär neugierig und sie gingen zum

Försterhaus. Sie schauten beide zum Fenster hinein und sahen, dass ein Baum in der Stube stand. Es war eine ganz gewöhnliche Tanne und sie leuchtete auch nicht. Alle im Haus bekamen einen großen Schreck, als die beiden Bären zum Fenster hineinguckten. Der Förster lief gleich in den Flur, um seine Flinte zu holen.

»Die wollen uns nicht haben«, sagte der große Bär und die beiden Bären liefen so schnell sie konnten in den Wald zurück.

»Aber den Weihnachtsmann haben sie letztes Jahr reingelassen, gerade als der Baum so schön leuchtete«, sagte der große Bär.

Aber mehr wusste er nicht, denn er war sehr vergesslich ...

Da liefen die beiden Bären zum Weihnachtsmann.

»Wir möchten auch Weihnachtsmann sein und in das Försterhaus gehen und den leuchtenden Baum sehen.«

Der Weihnachtsmann hatte so viel zu tun gehabt, dass er von der Arbeit ganz müde war. Deshalb sagte er: »Ihr könnt meine Arbeit eigentlich auch machen. Nehmt zwei von meinen Mänteln und zieht die Kapuzen tief ins Gesicht.«

Da verkleideten sich die beiden Bären. Der große Bär war der Weihnachtsmann, der kleine Bär war der Knecht Ruprecht und so liefen sie zum Försterhaus. Da sahen sie den leuchtenden Baum. Sie wurden hereinge-

lassen und die ganze Familie hat Lieder gesungen und der Hund hat mitgeheult und den beiden Bären wurde ganz warm ums Herz.

Mitten in der langen, kalten Winternacht stand da ein Baum und leuchtete. Die Bären konnten es kaum fassen. Sie brummten die Lieder mit und stellten den Sack mit den Geschenken vor den Weihnachtsbaum und dann verschwanden sie wieder.

»Vielleicht macht der leuchtende Baum alles wieder gut. Vielleicht bedeutet er, dass das Licht und die Wärme nicht sterben«, dachte der kleine Bär.

Und tatsächlich, von dem Tage an wurde die lange, kalte Winternacht kürzer und die Tage wurden länger. Die Sonne schien immer mehr und der kleine Bär brummte das Honiglied. Denn das brummt er am liebsten, besonders wenn die Sonne scheint.

». . . und überall auf den Tannenspitzen . . .« – Geschichten von Weihnachtsbäumen und Weihnachtssternen

KIRSTEN BOIE

Der Tannenbaum

Jedes Jahr am vierten Advent geht die Familie zum Tannenbaumschlagen.

»Da bleibt er schön frisch«, sagt Papa. »Da nadelt er nicht bis Silvester.«

Das mit den Nadeln ist Jesper ganz egal, die kann man ja mit dem Staubsauger saugen. Aber trotzdem will er auch keinen Tannenbaum am Marktstand kaufen. Selber schlagen ist besser.

»Kaufen kann ja jeder«, sagt Jesper zufrieden. »Ich trag wieder die Säge«, und dann zieht er Papas dicke Gartenhandschuhe an, die Papa nur fürs Tannenbaumschlagen braucht, weil sie doch gar keinen Garten haben, und Janna nimmt die Axt und ganz ausnahmswei-

se darf Jule die Säge aus Jespers Laubsägekasten nehmen. Damit sie nicht traurig ist.

Eigentlich ist der Tannenbaumwald gar kein richtiger Wald, sondern eine Baumschule. Wenn man zu den Bäumen will, muss man sich erst durch ein Tor drängeln und dann durch ein Gewächshaus, wo ganz viele Leute mit rot gefrorenen Nasen stehen und Glühwein trinken. Die haben sich auch alle schon einen Baum geschlagen. Aus einem riesigen silbernen Topf riecht es nach Erbsensuppe und Würstchen und der beste Stand ist gleich neben der Tür. Da backen sie Waffeln mit Puderzucker.

»Na, dann wollen wir mal wieder«, sagt Papa und reibt sich die Hände. Beim Tannenbaumschlagen müssen alle gute Laune haben. »Dann kommt mal mit raus. Wir sind schließlich nicht zum Essen und Trinken gekommen.«

Und diesmal nörgelt Jesper auch kein bisschen. Nicht wie im Museum. Er weiß ja sowieso, dass es am Schluss noch einen heißen Apfelsaftpunsch gibt. Und vielleicht auch noch Waffeln mit Zucker.

Außerdem will Jesper jetzt erst mal den Tannenbaum schlagen. Sonst sind sie nachher schon ganz ausgesucht und gar keine schönen mehr da.

»Wieder einen gelben, Papa?«, fragt Jesper. »Wieder einen gelben, Papa, wie letztes Jahr?«

Die Bäume haben nämlich oben um ihre Spitze alle einen bunten Klebestreifen, daran kann man sehen, wie

teuer sie sind. Es gibt blaue Klebestreifen für die ganz teuren und dann gibt es noch rote, die sind fürchterlich billig. Aber die roten nehmen sie trotzdem nicht, weil das die schief gewachsenen Bäume sind, und so was will ja kein Mensch.

»Wir werden doch wohl nicht am Tannenbaum sparen!«, sagt Mama jedes Mal. »Das eine Mal im Jahr! Am schönsten Tag des Jahres wollen wir auch den schönsten Baum«, und darum nehmen sie auch einen gelben. Aber in diesem Jahr ist es gar nicht so einfach, einen schönen Baum zu finden. Mama will keinen so großen, weil dann der Tannenbaumschmuck nicht reicht, und immer wenn Jesper und Janna einen gefunden haben, sagt Papa, der hat zur Spitze hin zu wenig Zweige und das wirkt dann immer so kahl. Da hat Jesper bald keine Lust mehr zu suchen. Er hilft lieber nachher mit beim Sägen.

»Komm, Janna, wir gehen nach hinten«, sagt Jesper und packt die Säge fester. »Wir machen jetzt Tannenbaumhüpfen.«

Da nimmt Janna ganz vorsichtig ihre Axt und dann laufen sie zwischen den Bäumen durch zum hinteren Zaun, wo die meisten Bäume schon abgeschlagen sind. Neben den Stümpfen am Boden wachsen viele winzige neue Bäume nach, die sind noch nicht mal so groß wie Jule. Die will noch kein Mensch als Tannenbaum haben, aber drüberhüpfen kann man ganz prima. Nur drauf-

treten darf man auf gar keinen Fall. Dann werden die
später auch krumm und kriegen einen roten Streifen
und daran will Jesper nicht schuld sein.

»Los, Janna, jetzt hüpfen wir rüber«, sagt Jesper und will
einen ganz langen Anlauf nehmen. Aber Janna kommt
nicht zu ihm hin. Janna steht neben einem großen Baum,
der ist der allerschiefste, den Jesper je gesehen hat. Er
wächst ganz allein mitten zwischen all den kleinen und
in der Mitte macht sein Stamm eine Zickzackkurve wie
eine Schlange. Oben hat er einen roten Streifen.

». . . vier, fünf!«, sagt Janna. »Guck mal, Jesper, der hat
schon fünf rote Streifen! Warum hat der denn fünf?«
Jesper hüpft ganz kurz über eine winzige Tanne, dann
stellt er sich dazu.

»Weil der . . .«, sagt Jesper und guckt sich die Tannen-
baumspitze an. Aber es gibt gar keine richtige Spitze. Es
gibt nämlich drei und eine davon hängt ganz wunderbar nach unten.

»Den hat nie einer gewollt«, sagt Jesper. »Der war den
Leuten zu krumm und da haben sie ihn nicht gekauft,
siehst du, Janna. Und im nächsten Jahr hat er dann
wieder einen neuen Klebestreifen gekriegt, aber da hat
ihn wieder keiner gewollt.«

»Und so immer weiter?«, sagt Janna traurig und starrt
den Baum an. »Fünf Jahre, nicht, Jesper? Fünfmal Weihnachten?«

»Ja, siehst du wohl«, sagt Jesper und legt seine Hand
ganz vorsichtig auf einen unteren Zweig. Der Zweig
fühlt sich piksig an, aber auch nicht *zu* piksig. Wenn
man in der richtigen Richtung darüber streicht, ist er
plötzlich ganz glatt.
»Und nächstes Jahr ist er bestimmt zu groß zum Schlagen. Da passt der in kein Zimmer mehr rein.«
»Nein, das tut der bestimmt nicht«, sagt Mama und legt
Jesper von hinten ihre Hand auf die Schulter.
»Kommt mal mit, ihr beiden, und helft uns sägen. Wir
haben den richtigen Baum gefunden.«
Aber Jesper bleibt immer noch stehen. Armer Baum,
denkt Jesper. Armer alter Tannenbaum. Dich will gar
keiner haben und dabei hast du sogar *drei* schöne Spit-
zen. Das ist doch wieder mal typisch ungerecht.
»Der steht dann hier vielleicht immer und beschützt die
Kleinen«, sagt Janna und jetzt streichelt sie den Baum
auch. »Nicht, Mama? Bis die groß geworden sind. Das
ist für ihn ja vielleicht auch ganz schön.«
Mama packt Jespers Schulter ungeduldig ein bisschen
fester.
»Das tut der hier ganz bestimmt nicht«, sagt sie. »Weil
der den Kleinen nämlich bald zu viel Licht wegnimmt.
Da wird der geschlagen. Und jetzt kommt doch mal,
Papa wartet und mir ist kalt!«
»Aber wenn der doch gar kein Tannenbaum wird?«,

fragt Jesper. »Warum schlagen sie den dann? Was machen sie denn dann mit ihm?«

»Feuerholz«, sagt Mama ungeduldig und trampelt von einem Fuß auf den anderen vor Kälte. »Und nun kommt schon, wir brauchen die Säge.«

Jesper guckt Janna an, aber Janna steht auch nur ganz still neben dem Baum und rührt sich nicht vom Fleck. Sie hat ganz schmale Augen gekriegt und ihr Kinn schiebt sie vor.

Das ist ihr energisches Gesicht, das kennt Jesper. Das macht Janna nur, wenn sie böse ist.

»Feuerholz!«, sagt Janna wütend. »Wo der ein Tannenbaum sein will!«

»Ach Janna, nun sei doch nicht so albern!«, sagt Mama. »Das ist doch ein *Baum!* Der will gar nichts sein. Dem ist das völlig egal, warum er geschlagen wird, ab ist ab«, und jetzt schlägt sie auch noch die Hände gegeneinander, weil sie so friert.

»Gar nicht egal!«, schreit Janna und starrt Mama wütend an.

Und da weiß Jesper, was er jetzt tun muss.

»Wir wollen diesen«, sagt er entschieden. Die Säge hält er ganz fest dabei. »Wir wollen diesen Tannenbaum haben, jawohl. Weil wir den nämlich am schönsten finden. Weil der drei Spitzen hat«, und er guckt Janna an und Janna nickt.

»Diesen da!«, sagt Janna. »Den schönen großen. Weil der drei Spitzen hat!«

»Aber Janna!«, sagt Mama ärgerlich. »Der ist doch ganz krumm! Das seht ihr doch selber! So einen Baum stellt sich doch kein Mensch ins Zimmer!«

»Jawohl!«, schreit Janna und da kommt Papa zwischen den kleinen Bäumen durchgeschlängelt mit Jule auf dem Arm und guckt ein bisschen verwirrt.

»Was ist denn jetzt, ihr Lieben?«, sagt er. »Ich brauch jetzt die Säge! Wir haben einen Baum gefunden!«

»Nee, pööh, die kriegst du nicht!«, sagt Jesper und hält die Säge hinter seinen Rücken. »Nee, pööh, die kriegst du gar nicht!«

»Und die Axt kriegst du auch nicht!«, sagt Janna und stellt sich ganz dicht neben Jesper. »Dass du das weißt!«

Papa starrt die beiden an. »Ja, was ist denn hier los, ihr Lieben?«, fragt er verblüfft.

»Die beiden wollen den krummen Baum da«, sagt Mama und guckt Papa Hilfe suchend an. »Ich habe ihnen schon gesagt . . .«

»Weil wir den am schönsten finden!«, ruft Janna. »Mit den drei Spitzen!«

»Genau!«, schreit Jesper. Aber er muss schon gar nicht mehr wirklich schreien, weil er genau sehen kann, wie Papa sich den Baum jetzt anguckt. Eigentlich ganz freundlich.

»Und warum wollt ihr ausgerechnet den da?«, fragt er
dann. »Mit dieser Zickzackkurve im Stamm?«
»Weil der sonst . . .«, sagt Janna, aber Jesper tritt ihr auf
den Fuß.
»Weil wir den am schönsten finden!«, sagt er noch mal.
»Sag ich doch!«
»Na, also!«, sagt Papa und stellt Jule auf den Boden.
»Also dann hätten wir natürlich einen Baum, wie ihn
sonst sicher keiner hat. Das ist ja vielleicht auch mal
ganz schön.«
»Ja, nicht, Papa?«, sagt Jesper und Jule zieht schon wie-
der an den Zweigen.
»Bammbaum!«, ruft sie und reißt so fest, dass Jesper
Angst kriegt, der Baum kippt noch um. »Bammbaum,
ja!«
»Siehst du, Jule findet ihn auch am schönsten, nicht,
Julemaus?«, sagt Jesper schnell und Jule zieht weiter.
»Bammbaum!«, schreit sie wieder vergnügt. »Bammbaum, ja!«
Da seufzt Papa laut. »Also dann, in Gottes Namen«, sagt
er und streckt die Hand nach der Säge aus. »Obwohl ich
nicht so richtig verstehe . . .«
»Ich versteh das schon ganz gut«, sagt Mama. Dann
fängt sie an zu lachen. »Na gut, meinetwegen. Da müssen wir aber noch reichlich Tannenbaumschmuck be-
schaffen! Und zwei neue Engel dazu für die Spitzen!«

Jesper gibt Papa die Säge und dann sägen sie immer abwechselnd, Papa, Jesper und Janna, und zum Schluss nehmen sie auch noch die Axt. Und weil der Baum doch so groß ist, müssen sie ihn auch zu dritt zum Gewächshaus tragen und die ganze Zeit schreit Jule auf Mamas Arm: »Auch! Jule auch Bammbaum!«

Im Gewächshaus gehen sie zuerst zu der Maschine, die die Bäume in ein feines weißes Netz einwickelt. So kann man sie besser transportieren.

»Also der soll es sein«, sagt der Mann an der Maschine und schiebt den Baum durch ein großes Loch. »Sind Sie ganz sicher?«

»Ganz sicher«, sagt Papa fest und der Mann wickelt ihnen den Baum ein und dann gehen sie zu der Maschine, die mit lautem Geknatter die Tannenbäume anspitzt wie ein riesiger Bleistiftanspitzer. Die Späne fliegen durch die Gegend und hinterher kann man den Baum gut in den Tannenbaumfuß kriegen.

»Den da, ja, den wollen Sie haben?«, sagt der Mann, der den Spitzer bedient. »Da sind Sie ganz sicher?«

»Ganz sicher«, sagt Papa wieder und dann bezahlt er den Baum.

»So, ihr Lieben!«, sagt er vergnügt. »Da haben wir jetzt aber ordentlich Geld gespart! Und das hauen wir jetzt gleich auf den Kopf. Wer will einen Punsch? Wer will eine Waffel?«

Und dann sitzen sie alle zusammen auf den Strohballen, die überall zum Draufsitzen aufgestapelt sind, und essen, bis sie fast platzen. Aus einem Lautsprecher kommt Weihnachtsmusik und Jule saut sich mit dem Puderzucker von ihrer Waffel von oben bis unten ein, aber Jesper nur ein bisschen.

»Ach, ihr Lieben!«, sagt Papa. »Das war doch mal wieder richtig schön.«

Janna gibt Jesper einen kleinen Stups in die Seite.

»Vielleicht ist es überhaupt ein Wunschbaum wie bei Aschenputtel«, flüstert sie und Jesper denkt, dass das natürlich Quatsch ist, aber wissen kann man das nie.

»Drei Spitzen«, sagt er zufrieden. »Für jedes Kind eine.«

»So hatte ich das noch gar nicht gesehen«, sagt Mama und trinkt einen Schluck Punsch. »Na, ganz gut, dass wir nicht fünf Kinder haben.«

LUDVIG ASKENAZY

Der lebendige Weihnachtsbaum

$\mathcal{E}$s war ein frostiger Tag und ein durchfrorener Vater suchte einen Weihnachtsbaum. Aber im Wald war nichts mehr zu finden. Jetzt stand er da im Frost und ohne Weihnachtsbaum.

Da kam ein Hirsch auf ihn zu und sagte mit Menschenstimme: »Ich weiß, du suchst einen Weihnachtsbaum, und ich will schon immer einer werden. Schau, mein Geweih. Es ist mit Moos überwachsen, es glitzert und riecht nach Tannennadeln.«

Und es roch wirklich nach Tannennadeln.

»Komm doch mit«, sagte der Vater. »Aber du darfst nichts verraten.«

»Ist doch klar«, sagte der Hirsch. »Nur möchte ich, dass

der Stern auf der Spitze ganz golden ist, und viele
farbige Kugeln möchte ich auch.«

»Kann ich auf dir auch Kerzen anzünden?«, fragte der
Vater.

»Ja«, sagte der Hirsch, »aber bitte vorsichtig mit Engels-
haar.«

So nahm der Vater den Hirsch mit nach Hause und
schmückte ihn ganz geheim, aber geschmackvoll. »Röhren darfst du nicht«, sagte der Vater, »als Weihnachtsbaum musst du deine Schnauze halten.«

»Welcher Weihnachtsbaum röhrt schon?«, fragte der
Hirsch entrüstet.

Die Kinder waren begeistert und riefen: »Also so ein
Weihnachtsbaum! Der ist einmalig!«

»Der ist wirklich einmalig«, sagte der Vater und zwinkerte zum Hirsch. Der Hirsch zwinkerte zurück.

Später am Abend hörte man auf einmal vor dem Fenster
ein leises Röhren. Da wurde der Weihnachtsbaum un-
ruhig und dann röhrte er auch.

Die Kinder sagten: »Papi, der Weihnachtsbaum röhrt.«

»Was einem heutzutage alles als Weihnachtsbaum ver-
kauft wird«, sagte der Vater. »Unglaublich.«

Da sagte der Weihnachtsbaum: »Entschuldigt bitte, aber
mein bester Freund ist da.« Und er röhrte ganz wehmü-
tig.

Dann ging er hinaus in die weiße Sternennacht. Die

Kinder liefen ihm nach, weil ihnen der Weihnachtsbaum so gefiel.

Und der Weihnachtsbaum sagte: »Kommt mit in den
Wald, wo die Tiere feiern. Die brauchen auch einen
Weihnachtsbaum.«

Und die Kinder gingen hinter den beiden Hirschen her
bis zur Lichtung. Da waren viele Tiere versammelt, die
sich über den Weihnachtsbaum freuten. Der Weihnachtsbaum röhrte ein Lied und die Tiere summten mit.
Und als Bescherung bekam jedes Tier eine goldene Nuss
vom Weihnachtsbaum und einen Zimtstern.

Und das Licht auf der Lichtung war bläulich.

REGINE SCHINDLER

Der verschwundene Tannenbaum

Ich hab's doch gesagt, dass wir den Tannenbaum besser verstecken müssten«, jammerte Sabine und vergrub ihr verweintes Gesicht in den Händen. Sie kauerte in einer Ecke des großen Sessels. »Dies Jahr darfst du mir beim Schmücken des Baumes helfen«, hatte die Mutter gesagt. Und jetzt war alles aus. Alles! »Hör auf, du Heulsuse! Vielleicht hat ihn der Wind vom Balkon in den Vorgarten hinuntergekippt. Ich will den Tannenbaum suchen!« Andreas rannte die Treppe hinunter, immer vier Stufen auf einmal. Aber in dem schmalen Vorgärtchen zwischen Haus und Straße war nichts vom Tannenbaum zu sehen. »Irgendwo muss er doch sein, unser Baum«, sagte sich der Junge. Er blickte die

Dorfstraße hinauf und hinunter, oben sah er die Kirche, die glitzernden Schaufenster, die alten, wohl gebauten Häuser, unten die vier Wohnblöcke, dahinter die Fabrik mit den Baracken der Spanier. Andreas entschloss sich zuerst unten zu suchen, bei den Häusern mit den vielen Wohnungen.

Er wusste: Er würde den Tannenbaum unter vielen kennen. Der Baum war nicht groß, aber er hatte drei Spitzen – darum hatte er ihn mit dem Vater ausgesucht. Andreas schlich wie eine Katze um die vier großen Wohnhäuser herum. Er stapfte durch den Sand des Spielplatzes, der dazwischen lag und jetzt kalt und ungemütlich war. Drei Tannenbäume konnte er noch auf den Balkonen entdecken. Einer baumelte an einer Schnur von einem Fensterrahmen hinunter, offenbar, um besser versteckt zu sein. Keiner hatte drei Spitzen. Auch andere Bäume, die bereits im Kerzenlicht strahlten, hatten eindeutig nur eine Spitze. In zwei Wohnungen waren die Leute gerade mit dem Schmücken beschäftigt: Das sah man gut von außen, denn in den Häusern brannte Licht. Aber auch unter diesen zweien war der gesuchte Baum nicht. Unglücklich strich der Junge weiter die Dorfstraße hinab auf die dunkle Fabrik zu. In den Baracken daneben brannte Licht. Aber die Spanier hatten keine Tannenbäume. Ob es ihnen wohl zu teuer war oder ob sie diesen Brauch nicht kannten? Sollte er zum hintersten Ba-

rackenfenster auch noch gehen? Laute Kinderstimmen
lockten Andreas an und er spähte neugierig durch ein
niedriges Fenster, das weder durch einen Vorhang noch
einen Laden verschlossen war. Ein dunkelhaariger
Mann war damit beschäftigt, einen mittelgroßen Tannenbaum in einem Holzkreuz zu befestigen. Ein Junge
half ihm. Das war ja Pedro, der mit Andreas in die Klasse
ging, der lustige Pedro, der immer zu kurze Hosen hatte!
Seine drei kleinen Schwestern schauten zu. »Hallo, Pedro«, wollte Andreas rufen – da stockte sein Herz. Der
Baum, der nun im Kreuz steckte und endlich stand, hatte
drei Spitzen!
Andreas konnte nicht verstehen, was die Spanier sprachen. Er merkte nur, dass sie sehr fröhlich waren. Hatte
Pedro kein schlechtes Gewissen? Mit Zittern klopfte
Andreas an die dünne Barackentür. »Du bist ein Dieb!«,
wollte er Pedro ins Gesicht schreien. Er wusste: Pedro
war ein guter Kletterer – sicher hatte er, dieser harmlose,
lustige Pedro, den Baum vom Balkon gestohlen! Die Tür
ging auf, und bevor Andreas losdonnern konnte, platzte
Pedro los: »Andi, wir auch ein Tannenbaum haben, ein
richtiges Tannenbaum. Ich hab gefunden mitten auf
Straße. Vielleicht hat das Christkind ihn da für uns
hingelegt.« – Andreas bekam einen ganz trockenen
Mund. Kein Wort brachte er heraus. Christkind?, dachte
er, er musste lächeln. »Ich wünsch dir ein schönes Fest,

Pedro, tschüs«, sagte er nach langem Schweigen verlegen. »Ich schenk dir was, warte!«, antwortete Pedro, »eine Apfelsine – der Großvater aus Spanien geschickt hat!«

Mit der Apfelsine in der Hand schleppte sich Andreas nach Hause. Erst mühsam, traurig. Plötzlich aber fing er an zu rennen. Er begann zu lachen – »Sabine, Sabine, komm und . . .«, keuchte er von weitem. Er wollte seiner Schwester zeigen, wo der Tannenbaum war. Zu zweit sahen sie nun durchs Barackenfenster. Pedros ganze Familie hockte am Boden. Die Pappschachtel mit den Apfelsinen stand zwischen den Kindern.

Sabine weinte nicht mehr. »Andreas, gibt es auch Weihnachten, richtiges Weihnachten ohne Tannenbaum?« – »Ja, ganz bestimmt«, antwortete der große Bruder. Schweigend, aber zufrieden zogen sie nach Hause. Sie freuten sich auf ihre Geschenke. Ob Sabine wohl den Puppenwagen kriegte? Das riesige Paket sah genauso aus! – Andreas dachte an den dreispitzigen Tannenbaum und war glücklich. Pedro hatte sicher nicht gelogen, ganz bestimmt. Ob es wohl der Wind gewesen war?

ELSE TÜMMEL

Der erste Strohstern

Eine Legende

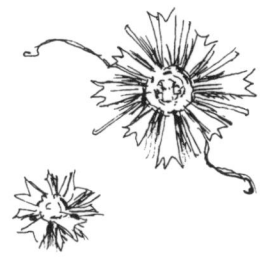

Als sich die Hirten auf den Weg nach Bethlehem machten, wurde von ihrem Reden und Rufen auch ein Hirtenjunge wach, der bei den Schafen im Pferch geschlafen hatte. Verwundert und noch ein bisschen schlaftrunken lief er mit den Männern und stand dann mit ihnen in dem armen Stall lange Zeit vor dem neugeborenen Kind in der Krippe, bis einer der Hirten ihn am Arm fasste: »Komm, Bub, wir wollen heimgehen! Das Kind und seine Mutter brauchen Ruh!«

Unterwegs berichteten die Hirten, was sie dem Kind morgen alles mitbringen wollten.

»Ich bring ihm Milch von dem Mutterschaf!«, rief der eine.

»Ich nehme guten Schafskäse mit!«, sagte ein anderer. Ein dritter wollte ein Säckchen Mehl hintragen, ein vierter ein weiches Lammfell schenken. Wieder einer wollte ein Bund Holz zum Feuermachen mitbringen und ein anderer einen Beutel voll Winteräpfel zusammensuchen. Einer hatte noch ein Töpfchen Fett und der älteste von ihnen, der am ärmsten war, sagte nach einigem Überlegen: »Ich spiel dem Kind ein Wiegenlied auf meiner Flöte!«

Der Hirtenjunge wurde allmählich immer trauriger. Alle hatten etwas zu schenken – nur er nicht! Denn außer seinem Hemd und seiner Hose besaß er nichts, höchstens noch eine Jacke, aber die war so alt und so oft geflickt, dass er sie unmöglich dem Kind schenken konnte.

Auf seinem Strohlager konnte der Hirtenjunge lange nicht einschlafen. Immer noch sah er das Kind vor sich. Er wollte ihm so gern auch etwas schenken. Aber was? Da glänzten auf einmal im Licht des großen neuen Sternes ein paar Strohhalme seines Lagers auf. Sie lagen kreuz und quer übereinander und trafen sich in der Mitte zu einem Stern – einem Strohstern. Da wusste der Junge auf einmal, was er dem Kind schenken konnte! Er wünschte den Morgen herbei und das Schlafen wurde ihm schwer.

Endlich wurde es Tag. Leise griff der Junge nach dem Messer des Hirten, der neben ihm schlief, und schnitt ein paar Strohhalme zurecht, drehte dann aus Schafwolle einen Faden und schlang und knotete ihn um die Halme, sodass ein fester, schöner Stern daraus wurde.
Der Junge ließ den Stern am Faden tanzen. Wie der nun in der Morgensonne schimmerte und leuchtete!
Als die Hirten mit ihren Gaben zum Stall kamen, legte jeder sein Geschenk an der Krippe nieder. Während der Alte noch sein Lied auf der Flöte blies, trat der Hirtenjunge vor. Sein Herz klopfte, als er dem Kind den Strohstern hinhielt. Da schlossen sich die kleinen Finger um einen der glänzenden Halme: Das Kind hielt den Stern fest.

EVA RECHLIN

Das Wegzeichen

Gegen Mitternacht hatten die drei Männer allein die Stadt verlassen und der geschweifte Stern leuchtete wieder am Himmel und wies ihnen die Richtung. Sie waren schon eine gute Wegstrecke weit gegangen. Jeder führte sein Tragtier, einen Esel. Der eine trug Gold, der zweite Weihrauch, der dritte Myrrhe – Geschenke, die die Männer aus dem Morgenland für den neuen König mitgebracht hatten. In der Stadt Jerusalem hatten die Männer den Neugeborenen nicht gefunden. Im Palast des Königs Herodes waren sie auf Misstrauen und Neid gestoßen und davor waren sie geflohen, als die Nacht angebrochen war.

Niemand hatte ihnen sagen können, wo der neue König zu finden war, dessen Geburt ihnen, die am Himmel zu

lesen verstanden, der Stern angezeigt hatte. Auch in dieser Nacht stand er funkelnd über ihnen. Aber bald graute der Morgen und Stern um Stern erlosch. Selbst das Licht des großen, geschweiften verblasste vor den Strahlen der aufgehenden Sonne. Die Männer beobachteten es besorgt, und als sie den Stern nicht mehr sahen, hielten sie an.

»Wir werden bis zur nächsten Nacht rasten müssen«, sagte einer von ihnen, »ohne unseren Stern finden wir den richtigen Weg nicht.« Sie hoben die Lastballen von den Eselsrücken und ließen die Tiere weiden. Dann rissen sie trockene Dornbüsche aus dem Sand und schichteten sie für ein Feuer, denn um diese Stunde war es kühl. Sie setzten sich um das Feuer, nahmen Fleisch und Brot aus ihren Reisesäcken und aßen.

»Es kann nicht mehr weit sein«, sagte der Schwarzhäutige, »denn der geschweifte Stern stand zuletzt fast über uns. Vielleicht sind wir vor dem Ende der nächsten Nacht am Ziel.« Die anderen blickten sich um. Sie sahen nur dürres Gras, Dornbüsche und Sand von Horizont zu Horizont.

»Kein Schloss, keine Burg, kein Palast«, sagte einer, »in denen ein König geboren sein könnte, den der Himmel selbst durch einen geschweiften Stern angekündigt hat.« »Und warum?«, fragte der Dunkle, »warum gibt es nicht ein gleiches Wegzeichen für den Tag? Warum nur

einen Stern in der Finsternis . . . aber nichts, kein Feuermal, keinen Wolkenpfeil, keinen Vogel, kein Zeichen, das uns am Tage den Weg weist?«

So saßen die drei Männer um das Feuer, fragten einander und wussten keine Antwort, zweifelten und froren, denn das trockene Dornengestrüpp war rasch niedergebrannt. Da hörten sie aus der Nähe einen hellen, klagenden Schrei, gleich darauf wieder und alle drei sprangen auf und spähten in die Wüste. Der Laut kam von einem Dornbusch herüber. Als sie darauf zugingen, sahen sie ein weißes, wolliges Bündel, das sich in den Dornen verfangen hatte. »Es ist ein Lamm!«, rief der Älteste, der einen Bart trug. »Ein Lamm, das sich verirrt haben muss.« Er eilte zu dem Tier, befreite es aus den Dornen und nahm es auf seine Arme.

»Ein so kleines Lamm allein in der Wüste!«, sagte er nachdenklich. – »Dass in der Nacht keine Hyäne es gerissen und gefressen hat!«, rief der Jüngste erstaunt. »Es müssen Hirten mit ihren Herden in der Nähe sein. Denen ist es entlaufen.« Kaum hatte er das gesagt, sahen sie in der Ferne einen Mann herankommen. Er trug einen langen Stab und hielt den Blick gesenkt, als folge er einer Spur. Bald erkannten sie, dass es ein Hirt war. Da er das Lamm in den Armen des Bärtigen entdeckte, stürzte er mit einem Freudenruf darauf zu. Nach zwei Schritten jedoch blieb er erschrocken stehen, als sähe er erst jetzt außer dem Lamm auch die Fremden. Wahrhaf-

tig, sie sahen fremd aus: Jeder war gekleidet wie ein Fürst. Und doch waren alle drei von der langen Wanderung ausgezehrt und erschöpft wie Bettler, dazu der eine von ihnen dunkel wie verbranntes Laub.

Aber noch ehe der Hirt fragen konnte, wer sie seien, hob der Bärtige ihm das Lamm entgegen und sagte: »Nimm es. Wir haben es in den Dornen gefunden und sind froh, dass es dich zu uns gelockt hat, denn vielleicht wirst du uns zeigen, was wir suchen.«

Der Hirt nahm das Lamm auf seine Arme. »Wie kann ich euch dafür danken«, fragte er, »dass ihr mir das Lamm zurückgegeben habt?«

»Dein Dank gehört nicht uns«, sagte der Bärtige. »Vielleicht aber wirst du unseren Dank verdienen, denn wir suchen etwas, was wir bei Tage nicht finden können.«

Der Hirt wunderte sich darüber. »Ich kenne hier jeden Strauch«, sagte er. »Wenn ihr etwa einen Weg sucht, so will ich ihn euch zeigen.«

»Diesen Weg wird uns nicht jeder zeigen können. Bisher war es ein Stern, der uns führte.«

Der Hirt horchte auf und fragte: »Ein Stern mit einem Schweif?«

Die Männer nickten.

»Dann sucht ihr den Heiland!«, rief der Hirt beglückt.

»Wir suchen den neugeborenen König«, sagte der Dunkle, »er kann nicht mehr weit von hier sein.«

Der Hirt nickte. »Ihr sucht das Kind im Stall von Bethlehem. Wir haben es gesehen, in der Nacht, als es gerade geboren war.«

»Du sprichst von einem Stall«, rief ärgerlich der jüngste der drei, »wir aber suchen einen König!«

»Ihr werdet ihn finden und erkennen«, sagte der Hirt, »folgt mir, ich führe euch zu meinen Gefährten in das Hirtenlager. Von dort aus ist es nicht mehr weit bis zur Krippe im Stall.«

Die drei Männer blickten einander an. Hatten sie nicht genug von räuberischen Überfällen auf Reisende gehört? Und konnte dieser Hirt nicht der Lockvogel einer Räuberbande sein?

»Warum führst du uns nicht allein auf den richtigen Weg?«, fragte der Dunkle.

Der Hirt sah sie fragend an. In ihren Gesichtern standen Zweifel und Abwehr. Er blickte auf ihr Gepäck, das im Sand lag, und begriff, was sie dachten und befürchteten. Er schüttelte den Kopf und trat mutig nahe vor sie hin. »Packt mich, wenn ihr mir nicht traut«, sagte er, »ich bin einer, ihr seid drei.«

Und als sie schwiegen und sich nicht rührten, fuhr er fort: »Wir Hirten haben ihn gefunden, den ihr sucht. Darum gehören wir und ihr zusammen und zu uns werden alle gehören, die sich auf den Weg zu ihm machen.«

Und die drei Fremden folgten dem Hirten in das Lager.

HEINRICH HANNOVER

Von der Laterne, die ein Sternlein werden wollte

Es war einmal eine Laterne, die hatte den ganzen Abend geleuchtet, und jetzt schlief sie neben dem Kinderbett. Mitten in der Nacht wachte die kleine Laterne auf. Da schaute der Mond zum Fenster herein und sagte: »Du leuchtest ja so schön! Willst du nicht auch ein Sternlein werden?«

»Oh ja«, sagte die kleine Laterne und flog zum Fenster hinaus, hoch in den Himmel.

»Nanu«, sagten die Sterne, »was ist denn das für ein Stern? Der kann ja noch schöner leuchten als wir! Wo kommst du denn her?«, fragten die Sterne die kleine Laterne.

»Dort aus dem Haus komme ich, wo das Kind im Bett schläft.«

Da schauten die Sterne alle zum Fenster hinein und wollten das Kind sehen. Aber ein Sternlein, ein ganz kleines, machte dabei solch einen Krach, dass das Kind aufwachte. Husch-husch, flogen die Sterne schnell wieder weg zum Himmel.

Als das Kind sah, dass die Laterne nicht mehr da war, wurde es ganz traurig und fing an zu weinen.

»Wo ist meine Laterne?«, jammerte es. Das hörte die kleine Laterne. »Ach, was soll ich jetzt bloß machen«, sagte die kleine Laterne, »soll ich ein Sternlein am Himmel bleiben oder soll ich wieder zu dem Kind gehen?« Die Laterne wollte so gern ein Sternlein bleiben, aber schließlich tat ihr das Kind doch Leid und sie sagte zu den anderen Sternen: »Wie komme ich denn jetzt wieder zur Erde?«

»Oh, solange das Kind noch weint, musst du hier bleiben, aber wenn es aufhört zu weinen und schläft, dann können wir dich zurückbegleiten. Denn wir dürfen nur zu schlafenden Kindern in das Zimmer kommen.«

Da warteten die Sterne, bis das Kind eingeschlafen war, und dann flogen sie herunter vom Himmel, zum Fenster hinein und legten die Laterne neben das Kinderbett. Sie standen noch eine Zeit lang um das Bett herum und schauten das schlafende Kind an und dann flogen sie wieder zum Fenster hinaus. »Tschüs, Laterne«, sagten die Sterne und »tschüs, Sterne«, sagte die Laterne.

Aber ein Sternlein, ein ganz kleines, stolperte, als es aus
dem Fenster hinausfliegen wollte, und von dem Krach
wachte das Kind auf. Husch-husch, flog das kleine
Sternlein davon in den Himmel, aber das Kind hatte
noch ein bisschen von seinem Licht gesehen.

Als das Kind sich umschaute, da sah es die Laterne
neben dem Bettchen liegen.

»Da bist du ja wieder«, sagte das Kind, »wo warst du
denn?«

»Ich war oben am Himmel und wollte ein Sternlein
werden. Aber weil du so traurig warst, bin ich zu dir
zurückgekommen. Die Sterne haben mich herge-
bracht.«

»Nun sollst du aber nicht wieder weggehen«, sagte das
Kind.

»Nein«, sagte die kleine Laterne, »wenn du mich nicht
kaputtmachst, will ich immer bei dir bleiben.«

ELLEN SCHÖLER

Der Weihnachtsstern

Es war nur gut, dass es Nachbar Wagenseil gab, sonst wären es langweilige Winterwochen für Johannes geworden, denn er konnte nicht laufen, nur mit Müh und Not humpeln. Er hatte sich den Fuß gebrochen und der Fuß steckte in einem dicken Gipsverband.

Jeden Morgen humpelte er zu Nachbar Wagenseil. Der war Schuster. In seiner kleinen Werkstatt roch es nach Leder und tranigem Fett. Johannes saß auf einem Schemel und sah Nachbar Wagenseil bei der Arbeit zu. Manchmal durfte er einen fertigen Schuh blank polieren. »Aber so blank«, sagte Nachbar Wagenseil, »dass du dich darin spiegeln kannst. Sonst taugt die Arbeit nicht.«

Nachbar Wagenseil konnte Geschichten erzählen. Johannes war es, als ob seine Ohren lang und länger

wurden beim Zuhören. Lustige Einfälle hatte der Nachbar. Manchmal führte er den kleinen Johannes ein wenig an der Nase herum. Und der merkte es zuerst gar nicht; denn er war ein Träumer, der die wunderlichsten Sachen glaubte, auch ging er noch nicht zur Schule.

An einem Nachmittag hatte Nachbar Wagenseil trotz der Kälte draußen das Fenster ganz weit geöffnet und sein Hut lag auf der Fensterbank. Es war schon dunkel, die ersten Sterne glitzerten an einem frostklaren Himmel. Johannes fragte natürlich gleich:

»Weshalb liegt der Hut auf der Fensterbank?«

Der Meister sagte bedächtig: »Den habe ich dort hingelegt, um einen Stern zu fangen.«

»Man kann keine Sterne fangen«, sagte Johannes. »Die sind doch am Himmel festgemacht.«

»So ein Dummkopf!« Nachbar Wagenseil hämmerte kräftig auf den Schuh, den er gerade bearbeitete. »Hast wohl im Leben noch keine Sternschnuppe gesehen?«

»Das schon.« Johannes fing an es für möglich zu halten, dass ein Stern in Nachbar Wagenseils Hut fallen könnte. »Und was machen Sie dann damit?«

»Ich setze den Hut schnell auf, der ganze leuchtende Stern rutscht sogleich in meinen Kopf hinein und es wird darin ganz hell! Dann kann ich doppelt so schnell denken wie andere Leute, weiß dreimal so viel wie sie und dann bin ich vergnügt. Erst gestern, als du nicht da

warst, hab ich einen Stern gefangen. Sieh mal in meine Augen. Merkst du nichts?«

Johannes sah aufmerksam mit seinen großen blanken Augen in die schwarzen von Nachbar Wagenseil. »Ihre Augen funkeln.«

»Na, siehst du«, sagte der Meister befriedigt. »Das ist noch der Glanz von dem gestrigen Stern. Dann hab ich also heute keinen weiteren Bedarf. Leg den Hut weg und mach das Fenster zu.«

Als Johannes sich wieder auf seinen Schemel gesetzt hatte, fragte er eifrig: »Wovon wollen wir heute reden?«

»Von Weihnachten natürlich. Das steht doch jetzt vor der Tür. Hat deine Mutter schon runde weiße Pfefferkuchen gebacken?«

»Das hat sie. Ich hab sogar die Zuckerglasur darauf streichen dürfen.«

»Da siehst du's. Hast du nicht auch schon nach dem Weihnachtsstern Ausschau gehalten?«

»Nein, ist das ein besonderer Stern?«, fragte Johannes.

»Dieser Stern erscheint nur zur Weihnachtszeit am Himmel. In der Adventszeit ist er noch ganz blass und milchig. Nur wer scharf aufpasst, der sieht ihn. Aber in der Weihnachtszeit überstrahlt er alle anderen Sterne am Himmel. Die Menschen, die ihn ansehen, denen wird es warm ums Herz und sie bekommen gute Gedanken. Jeder ist darauf aus, dem anderen eine Freude zu machen.«

»Ich hab der Mutter eine Backform geschnitzt«, sagte
Johannes, »einen Stern. Ich hab mich nicht einmal in die
Hand geschnitten. Der Vater hat mir gezeigt, wie man's
machen muss. Kann jeder den Stern am Himmel sehen?«
»Alle, die guten Willens sind«, sagte der Nachbar Wagenseil.
Sie redeten dann noch dies und das, aber die Sache mit
dem Weihnachtsstern ging Johannes nicht aus dem
Kopf. Wenn Nachbar Wagenseil sich schon so wohl
fühlte mit einem ganz alltäglichen Stern, wie musste es
da sein, wenn einem vielleicht der Weihnachtsstern in
den Hut fiele?
Weil dieser Gedanke den kleinen Johannes gar nicht
losließ, machte er am Heiligen Abend, noch bevor die
Bescherung war und die Lichter auf dem Baum brann-
ten, in seinem Zimmer das Fenster auf und legte seine
Pelzmütze auf das Fensterbrett. Dann setzte er sich auf
sein Bett und wünschte inständig, das Wunder möge
sich ereignen, dass der Weihnachtsstern ausgerechnet
in seine Mütze fiel.
Johannes malte sich aus, wie das sein würde, wenn er
den Stern in sich hatte. Das Licht würde nicht allein in
seinem Kopf sein. Er war überzeugt davon, es würde
sogar bis in die Spitzen seines kranken Fußes gehen.
Er schloss kurz die Augen und machte sie dann wieder
auf. Da oben der Stern, der so glänzte, der war es ganz

bestimmt. Nachbar Wagenseil hatte gesagt, man wüsste im Herzen, welches der Weihnachtsstern sei.

Draußen zog eine wandernde Schneewolke über den Himmel und verdunkelte für einen Augenblick den Sternenhimmel. Da erschrak Johannes, denn ganz gewiss hatte sein Gebet gewirkt und der Stern war jetzt in seiner Pelzmütze. Er brauchte nur bis zum Fenster zu humpeln, die Mütze aufzusetzen und würde dann auf eine unbeschreibliche Weise von Weihnachtsglanz erfüllt sein. Er hatte schon die ersten Schritte getan, da fiel ihm etwas Schreckliches ein: Wenn er allen Weihnachtsglanz für sich allein beanspruchte, dann würden ja die Menschen, die jetzt zum Himmel aufsahen, enttäuscht und traurig sein. Vielleicht würden sie ihre Kerzen nicht einmal anzünden und der Weihnachtsabend würde kalt, leer und dunkel sein.

Bei diesem Gedanken blieb Johannes stehen, machte die Augen zu und sagte: »Lieber Gott, nimm den Stern wieder aus meiner Mütze. Er ist doch für alle Leute da!« Dann sah er zögernd durchs Fenster zum Himmel auf, und weil die dunkle Wolke inzwischen weitergewandert war, strahlte der Stern, der die Weihnachtsfreude verkündete, hell und klar. Darüber war Johannes sehr froh.

Als Johannes später einmal mit Nachbar Wagenseil darüber sprach, da sagte er bedächtig: »Das hast du gut gemacht!«

Kapitel VII

»Es war einmal ...« – Weihnachtsgeschichten aus alter und neuer Zeit

HANS FALLADA

Lüttenweihnachten

Tüchtig neblig heute«, sagte am 20. Dezember der
Bauer Gierke ziellos über den Frühstückstisch hin. Es
war eigentlich eine ziemlich sinnlose Bemerkung, jeder
wusste auch so, dass Nebel war, denn der Leuchtturm
von Arkona heulte schon die ganze Nacht mit seinem
Nebelhorn wie ein Gespenst, das das Ängsten kriegt.
Wenn der Vater die Bemerkung trotzdem machte, so
konnte sie nur eines bedeuten.

»Neblig . . . ?«, fragte gedehnt sein dreizehnjähriger Sohn
Friedrich.

»Verlauf dich bloß nicht auf deinem Schulwege«, sagte
Gierke und lachte.

Und nun wusste Friedrich genug, lief in den Stellma-
cherschuppen und »borgte« sich eine kleine Axt und

eine Handsäge. Dabei überlegte er: Den Franz von Gäbels nehm ich nicht mit, der kriegt Angst vor dem Rotvoss. Aber Schöns Alwert und die Frieda Benthin. Also los!

Wenn es für die Menschen Weihnachten gibt, so muss es das Fest auch für die Tiere geben. Wenn für uns ein Baum brennt, warum nicht für die Pferde und Kühe, die doch das ganze Jahr unsere Gefährten sind? In Baumgarten feiern die Kinder vor dem Weihnachtsfest Lüttenweihnachten für die Tiere, und dass es ein verbotenes Fest ist, von dem Lehrer Beckmann nichts wissen darf, erhöht seinen Reiz.

Sieben Kilometer sind es gut bis an die See und nun fragt es sich, ob sie sich auch nicht verlaufen im Nebel. Da ist nun dieser Leuchtturm von Arkona, er heult mit seiner Sirene, dass es ein Grausen ist, aber es ist so seltsam, genau kriegt man nicht weg, von wo er heult. Manchmal bleiben sie stehen und lauschen. Sie beraten lange, und wie sie weitergehen, fassen sie sich an den Händen, die Frieda in der Mitte. Das Land ist so seltsam still; wenn sie dicht an einer Weide vorbeikommen, verliert sie sich nach oben ganz in Rauch. Es tropft sachte von ihren Ästen, tausend Tropfen sitzen überall, nein, die See kann man noch nicht hören. Vielleicht ist sie ganz glatt, man weiß es nicht, heute ist Windstille.

Jetzt sind es höchstens noch zwanzig Minuten bis zum

Wald. Alwert weiß sogar, was sie hier finden: erst einen
Streifen hohe Kiefern, dann Fichten, große und kleine,
eine ganze Wildnis, gerade, was sie brauchen, und dann
kommen die Dünen und dann die See.

Plötzlich sind sie im Wald. Erst dachten sie, es sei nur
ein Grasstreifen hinter dem Sturzacker, und dann waren sie schon zwischen den Bäumen und die standen
enger und enger. Richtung? Ja, nun hört man doch das
Meer, es donnert nicht gerade, aber gestern ist Wind
gewesen, es wird eine starke Dünung sein, auf die sie
zulaufen.

Und nun seht, das ist nun doch der richtige Baum, den
sie brauchen, eine Fichte, eben gewachsen, unten breit,
ein Ast wie der andere, jedes Ende gesund – und oben
so schlank, eine Spitze so hell, in diesem Jahre getrieben.
Kein Gedanke, diesen Baum stehen zu lassen, so einen
finden sie nie wieder. Ach, sie sägen ihn ruchlos ab, sie
bekommen ein schönes Lüttenweihnachten, das herr-
lichste im Dorf. Sie binden die Äste schön an den Stamm
und dann essen sie ihr Brot und dann laden sie den
Baum auf und dann laufen sie weiter zum Meer.

Zum Meer muss man doch, wenn man ein Küsten-
mensch ist, selbst mit solchem Baum. Anderes Meer
haben sie näher am Hof, aber das sind nur Bodden und
Wieks. Dies hier ist richtiges Außenmeer, hier kommen
die Wellen von weit, weit her, von Finnland oder von

Schweden oder auch von Dänemark. Richtige Wellen . . . Also, sie liefen aus dem Wald über die Dünen. Und nun stehen sie still.

Und was sie sehen, ist ein Stück Strand, ein Stück Meer. Hier über dem Wasser weht es ein wenig, der Nebel zieht in Fetzen, schließt sich, öffnet den Ausblick. Und sie sehen die Wellen, grüngrau, wie sie umstürzen, weiß schäumend draußen auf der äußersten Sandbank, näher tobend, brausend. Und sie sehen den Strand, mit Blöcken besät, und dazwischen lebt es in Scharen . . .

»Die Wildgänse!«, sagen die Kinder. »Die Wildgänse . . .!«

Sie haben nur davon gehört, sie haben sie noch nie gesehen, aber nun sehen sie es. Das sind die Gänsescharen, die zum offenen Wasser ziehen, die hier an der Küste Station machen, eine Nacht oder drei, um dann weiterzuziehen nach Polen oder wer weiß, wohin. Vater weiß es auch nicht.

Und plötzlich sehen sie noch etwas und magisch verführt gehen sie dem Wunder nach. Abseits, zwischen den hohen Steinblöcken, da steht ein Baum, eine Fichte wie die ihre, nur viel, viel höher, und sie ist besteckt mit Lichtern und die Lichter flackern im leichten Windzug . . . »Lüttenweihnachten«, flüstern die Kinder. »Lüttenweihnachten für die Wildgänse . . .« Immer näher kommen sie, leise gehen sie, auf den Zehen – oh,

dieses Wunder! – und um den Felsblock biegen sie. Da
ist der Baum vor ihnen in all seiner Pracht und neben
ihm steht ein Mann, die Büchse über der Schulter, ein
roter Vollbart . . .

»Ihr Schweinekerls!«, sagt der Förster, als er die drei mit
der Fichte sieht. Und dann schweigt er. Und auch die
Kinder sagen nichts. Sie stehen und starren. Es sind
kleine Bauerngesichter, sommersprossig, selbst jetzt im
Winter, mit derben Nasen und einem feisten Kinn, es
sind Augen, die was in sich reinsehen. Immerhin, denkt
der Förster, haben sie mich auch erwischt beim »Lüttenweihnachten«. – Ja, da stehen sie nun: ein Mann, zwei
Jungen, ein Mädel. Die Kerzen flackern am Baum und
ab und zu geht auch eine aus. Die Gänse schreien und
das Meer braust und rauscht. Die Sirene heult. Da stehen sie, es ist eine Art Versöhnungsfest, sogar auf die
Tiere erstreckt, es ist »Lüttenweihnachten«. Man kann
es feiern, wo man will, am Strand auch, und die Kinder
werden nachher in ihres Vaters Stall noch einmal feiern.
Und schließlich kann man hingehen und danach han-
deln. Die Kinder sind im Stande und bringen es fertig,
die Tiere nicht mehr zu quälen und ein bisschen nett zu
ihnen zu sein. Zuzutrauen ist ihnen das.

FJODOR DOSTOJEWSKI

Der Christbaum der armen Kinder

Es war am frühen Morgen. In einem feuchten, kalten Kellerloch erwachte er. Sein Röcklein war dünn, er zitterte vor Kälte; in der Ecke auf dem Kasten sitzend, vergnügte er sich aus Langeweile zuzusehen, wie der Atem aus dem Munde flog. Und er trat immer wieder an die Pritsche, auf der seine kranke Mutter lag; dünn wie ein Pfannkuchen war die Streu, statt des Kissens hatte sie unter ihrem Kopf irgendein Bündel. Welches Schicksal führte sie hierher? Wahrscheinlich war sie mit ihrem Knaben aus einer anderen Stadt gekommen und plötzlich erkrankt . . .

Feiertag war vor der Tür, deshalb hatten sich die anderen Kellerbewohner entfernt.

Zu trinken hatte er sich im Hausflur beschafft, aber

nirgends konnte er ein Krustchen Brot finden. Er betastete das Gesicht der Mutter und wunderte sich, dass sie sich gar nicht regte und so kalt wie die Wand war. Wie kalt ist es hier, dachte er, indem seine Hand auf der Schulter der Toten ruhte. Plötzlich läuft er hinaus. Kälte, Schnee und vermummte Menschen. Dann Glas! Und hinter dem Glas eine Stube! Und in der Stube ein Baum bis zur Decke – das ist ein Christbaum mit vielen goldenen Papierchen und Äpfeln! Um den Christbaum liegen Püppchen und kleine Pferdchen. In der Stube laufen Kinder, geputzt, reinlich – und sie lachen und spielen und essen und trinken. Der arme Knabe sieht das alles, wundert sich und lacht. Jetzt aber fangen ihm die Zehen an den Füßen zu schmerzen an und die Hände sind ganz rot geworden, die Finger biegen sich nicht mehr und schmerzen beim Bewegen. Da fängt der Knabe bitterlich zu weinen an und läuft weiter. Durch ein anderes Glas sieht er wieder eine Stube, mit Christbäumen ausgeschmückt; auf den Tischen liegen Kuchen allerlei Art, Mandelkuchen, rote, gelbe Kuchen; es sitzen da vier reich geputzte Damen, jedem, der kommt, geben sie Kuchen, und die Tür geht fortwährend auf; es kommen von der Straße viele Herrschaften herein. Der Kleine schleicht sich an die Tür, öffnet, tritt in die Stube. Hu!, wie man ihn anschreit, ihm zuwinkt, dass er fortgehen soll. Eine der Damen tritt schnell an ihn heran, steckt

ihm ein Kopekchen zu und macht die Tür zur Straße auf. Wie der Kleine erschrickt! Das Kopekchen rollt auf die Straße; er kann ja, um es zu halten, seine Finger nicht biegen. Schnell läuft er fort, wohin, weiß er selbst nicht. Und er läuft, läuft und pustet in die Hände.

Plötzlich scheint es ihm, als ob jemand von hinten an sein Röckchen greife, und da steht auf einmal ein großer, böser Bengel neben ihm, schlägt ihm auf den Kopf, reißt ihm die Mütze ab und stellt ihm ein Bein. Er fällt auf die Erde. Die Leute schreien auf. Und da erschrickt er, springt in die Höhe und läuft, läuft – wohin, weiß er selber nicht – auf einen fremden Hof und verbirgt sich hinter dem aufgestapelten Holz.

Hier ist's dunkel, denkt er, hier findet man ihn nicht. Er kauert sich zusammen, vor Angst kann er kaum atmen. Auf einmal wird es ihm so leicht, Hände und Füße schmerzen nicht mehr, Wärme durchdringt seinen Körper, so warm fühlt er sich wie auf dem Ofen. Und jetzt wieder schauert er zusammen – er ist eingeschlafen. Wie gut es hier ist zu schlafen. Und im Traum wird es ihm, als singe über ihm seine Mutter ein Wiegenlied. Mütterchen, ich schlafe. Ach, es ist hier so gut zu schlafen.

»Komm zu mir zum Christbaum, Knabe«, sagt über ihm eine sanfte Stimme. Der Kleine denkt, seine Mutter rufe ihm zu, aber nein, sie ist es nicht. Jemand beugt sich zu ihm und umschlingt ihn in der Dunkelheit. Und was für

ein Licht glänzt ihm entgegen! Oh, was für ein Christbaum! Aber nein, es ist kein Christbaum. Noch nie hat er solch einen Baum gesehen. Alles glänzt, alles blitzt und ringsherum lauter Püppchen. Aber nein, das sind Knaben und Mädchen in lichten Gewändern, sie fliegen ihm zu, küssen ihn, nehmen ihn mit sich und er selbst fliegt ... Seine Mutter sieht ihn an und lächelt freudig. Mutter! Mutter! Ach, wie gut ist es hier, Mutter! Und wieder küssen ihn die Kinder. »Wer seid ihr, Knaben? Und wer seid ihr, Mädchen?«, fragt er lächelnd.

»Dies ist Christi Weihnachtsbaum«, antworten sie ihm. »An diesem Tag hat Christus immer einen Weihnachtsbaum für die Kinder, welche auf Erden keinen Baum haben.« Und der Kleine hört, dass die Knaben und Mädchen solche Kinder gewesen sind wie er selbst! Und alle sind jetzt hier, alle beim Christ, der ihnen seine Hände entgegenhält, der sie und ihre armen Mütter segnet.

ISOLDE HEYNE

Janas Überraschung

»Heute kommt der Weihnachtsmann . . .«, sangen
Chris und Kerstin ziemlich falsch.

Spöttisch verzog Jana den Mund. »Die glauben noch
dran«, sagte sie zu ihrer Mutter.

Die Mutter legte den Finger an den Mund. »Pst! Verdirb
den Kleinen nicht den Spaß.«

Janas jüngere Geschwister waren aufgeregt wie selten.
Viertelstündlich schauten sie nach der großen Standuhr
in der Diele, ob der Zeiger schon weitergerückt war.
Und da sie beide die Uhr noch nicht kannten, fragten sie
dauernd: »Und wie spät ist's jetzt?«

Noch war es zeitiger Nachmittag. Draußen versuchten
ein paar Schneeflocken weihnachtliche Stimmung zu
zaubern, tauten aber rasch wieder weg. Trotzdem ent-

deckte Kerstin, die Vierjährige, auf dem Weg durch den Vorgarten im Schneematsch große Fußspuren. »Wirklich, die Stiefel vom Weihnachtsmann sind so groß«, erklärte sie dem ein Jahr älteren Chris.

»Vielleicht hat er schon mal Geschenke gebracht, damit er heute Abend nicht so viel zu schleppen hat. Voriges Jahr war es auch so viel . . .«, meinte Chris.

»Der kommt nie vor dem Dunkelwerden«, sagte Jana. Ihre Augen blitzten spöttisch. Sie war bald neun und glaubte längst nicht mehr an den Weihnachtsmann. Außerdem hatte sie schon den großen Sack gesehen, der mit einer Plane abgedeckt unter der Treppe zur Haustür stand. Sie war gespannt, wie ihre Eltern das dieses Jahr in den Griff bekommen würden. Onkel Frederik war im Krankenhaus. Er hatte sich beim Skifahren das Bein gebrochen. Und einen humpelnden Weihnachtsmann hatte es noch nie gegeben. Vater war als Weihnachtsmann total ungeeignet. Auch wenn er die Stimme noch so sehr verstellte, Chris ließ sich nichts mehr vormachen. Und ob sich der ganze Aufwand wegen Kerstin lohnte?

Jana war in diesem Jahr nicht einmal neugierig auf ihre Geschenke. Sie hatte sich sehnlichst eine schwarze Reitkappe gewünscht und dazu die Erlaubnis, Reitunterricht zu nehmen. Das waren ihre einzigen Wünsche auf dem Wunschzettel. Aber schließlich hatte sie die Span-

nung nicht mehr ausgehalten. Heimlich hatte sie nach der Reitkappe gesucht und sie auch gefunden. Erst war sie darüber glücklich gewesen. Am liebsten hätte sie die schwarze Reitkappe gleich anprobiert und wäre damit durch die Wohnung stolziert, womöglich bis zum großen Spiegel im Elternschlafzimmer. Nach und nach waren ihr aber doch Bedenken gekommen. Die Eltern wären gewiss nicht begeistert darüber, wenn sie merkten, dass Jana nach den Geschenken gesucht hatte. »Wenn du schon nicht mehr an den Weihnachtsmann glaubst, dann benimm dich auch wie ein großes Mädchen. Mit Neugier verdirbst du dir selbst alle Vorfreude.« Vater hatte sie dabei eigenartig angeschaut und Jana hatte das Gefühl, sie bekäme ein ganz rotes Gesicht. »Ich kann es erwarten!«, log sie.

Vater hatte Recht behalten. Die Vorfreude schmolz dahin wie der matschige Schnee auf dem Weg im Vorgarten. Ihr graute davor, allen Theater vorzuspielen, wenn sie beim Geschenkeauspacken freudige Überraschung vortäuschen musste. »Nie wieder werde ich vorher heimlich suchen. Das schwöre ich!«, flüsterte Jana. Sie beneidete die jüngeren Geschwister um ihre Vorfreude. Die war echt.

Kerstin kniete auf dem Hocker vor dem Fenster. Immer wieder schob sie die Gardine beiseite. »Vielleicht sehe ich ihn doch«, sagte sie. »Er kommt bestimmt bald!«

»Erst, wenn es finster ist«, behauptete Chris. »Hoffentlich schneit es noch mehr, damit wir einen Schneemann bauen können.«

»Du siehst doch, es taut alles weg!« Jana hatte superschlechte Laune. Die heimliche Sucherei hatte alle Freude aufgefressen. Es nützte nicht einmal, dass sie sich immer wieder vorstellte, wie gut ihr die Reitkappe stehen würde. Und ob die Eltern ihr überhaupt erlauben würden Reitstunden zu nehmen, wenn sie wüssten, dass Jana nach den Geschenken gesucht hatte?

»Das Eichhörnchen vom Weihnachtsmann!«, schrie Kerstin plötzlich ganz aufgeregt. »Da, im Vorgarten sieht man noch die Tapsen . . .«

Chris rannte auch zum Fenster. »Quatsch!«, sagte Jana. »Der Weihnachtsmann hat keine Eichhörnchen.«

»Doch, hat er. In der Geschichte, die Mama mir vorgelesen hat, hat er sogar zwei. Die laufen von einem Kind zum anderen und sehen nach, ob auch alles in Ordnung ist.« Kerstin war sich ihrer Sache ganz sicher. In der Tat, auf dem Fußweg zum Haus waren winzige Spuren im Schneematsch zu sehen.

Chris hatte Zweifel. »Das kann auch eine Katze gewesen sein. Oder ein anderes Tier, das zufällig da entlangkam.«

»Es war ein Weihnachtsmann-Eichhörnchen«, beharrte Kerstin. »Ich hab's genau erkannt.«

Wieder kam Spott in Janas Augen. Was man sich doch alles einreden konnte! Doch dann fiel ihr etwas ein: Hatte sie nicht früher auch an den Weihnachtsmann geglaubt? Und war es nicht schön gewesen?

Sie lief zur Mutter, die den Baum schmückte. »Ich könnte dir helfen«, meinte sie. »Die Kleinen sind damit beschäftigt, auf den Weihnachtsmann zu warten, und reden sich allerhand dummes Zeug ein.« Jana schloss die Wohnzimmertür ab. Hier hatten Chris und Kerstin noch nichts zu suchen.

Sie reichte der Mutter bunte Kugeln und Lametta zu. Die elektrische Baumbeleuchtung hatte der Vater schon vorher angebracht. Echte Kerzen waren bei den quirligen Kleinen zu gefährlich.

»Und du?«, fragte die Mutter ihre Große. »Bist du auch schon gespannt, was der Weihnachtsmann bringt?«

Jana wurde puterrot. In ihre Augen traten Tränen. »Die Kleinen haben's gut«, schluchzte sie. »Die kommen nicht auf den Gedanken . . .«

Die Mutter zog das Mädchen an sich. »Auf welchen Gedanken?«

Jetzt konnte Jana sich nicht mehr beherrschen. »Ich hab schon nach den Geschenken gesucht«, gestand sie ihrer Mutter schluchzend. »Und nun kann ich mich gar nicht mehr auf Weihnachten freuen. Für mich gibt es gar

keine Überraschung. Nie wieder werde ich so neugierig sein, Mama. Nie wieder.«

Die Mutter lächelte. »Ja, so ist das, wenn man nicht mehr an den Weihnachtsmann glaubt und sich selbst die Vorfreude stiehlt.« Jana nickte nur und wischte sich die Tränen aus dem Gesicht. Der Christbaum war fertig geputzt, deshalb ging Jana wieder zu ihren Geschwistern.

»Ist's nun dunkel genug?«, fragte Kerstin. Inzwischen schneite es in dicken Flocken. »Man kann gar nichts mehr sehen!«

Als es dann wirklich dunkel geworden war, kam der Vater nach Hause. Er hatte Onkel Frederik im Krankenhaus besucht.

Jana dachte: Wer wird diesmal den Weihnachtsmann spielen? Ihr war etwas leichter zu Mute, seit sie der Mutter ihre Neugier gestanden hatte.

Die beiden Kleinen waren kaum noch zu bändigen. Beim Abendessen rutschten sie auf den Stühlen hin und her. Bis der Vater sagte: »Übrigens habe ich vorhin den Weihnachtsmann getroffen. Er ist total überlastet. Er sagte, dass er den Geschenksack einfach vor die Tür stellen will, weil er so wenig Zeit hat. Wollen wir mal nachschauen?«

Kerstin und Chris rissen die Tür auf und stießen einen Jubelschrei aus. »Er war schon da! Ein riesengroßer Sack steht vor der Tür!«

Gemeinsam schleiften sie ihn in die Diele. »Dürfen wir schon nachschauen? Ist jetzt Bescherung?«

Jana lächelte nicht mehr spöttisch. Sie half den Kleinen den großen Jutesack ins Wohnzimmer zu bringen. Vor lauter Aufregung gelang es Kerstin nicht gleich, die rote Schleife aufzubinden, mit der der Sack zugebunden war. Die Schleife war vorhin noch nicht da, als ich unter die Abdeckplane geschaut habe, dachte Jana. Eigentlich ist es doch gar nicht nötig, irgendjemanden den Weihnachtsmann spielen zu lassen. Die Kleinen sind zufrieden, wenn sie gesagt bekommen, dass der Geschenkesack vom Weihnachtsmann ist. Und ich brauche jetzt wegen der Reitkappe nicht mal Überraschung zu heucheln.

Sie wurde aus ihren Gedanken gerissen, als Kerstin mit einem lauten Aufschrei die Hand aus dem Sack zog.

»Au! Da hat mich was gekratzt!«

Bevor Jana nachsehen konnte, sprang ein halb nasses Fellbündel aus dem Sack und verschwand fauchend hinter der Couch. Kerstin leckte sich das Blut von der Hand. Der Kratzer war mindestens fünf Zentimeter lang. Chris bemühte sich die Katze hinter der Couch hervorzuziehen, aber er holte sich ebenfalls nur Kratzer.

»Lass mich mal ran!« Jana zog die Couch ein wenig nach vorn und lockte: »Miez! Miez!«

»Wo kommt denn die Katze her?« Die Mutter war fas-

sungslos. »Da hat bestimmt wieder jemand so ein armes
Tier ausgesetzt. Und das am Heiligabend!«
»Wir bringen sie ins Tierheim!«, sagte der Vater, der
gleich praktisch dachte.
Jana lockte die Katze noch immer, als die beiden Kleinen
schon über ihre Geschenke jubelten. Endlich kam das
Tier hervor. Mit großer Vorsicht näherte es sich Jana.
Der Vater packte das noch junge Tier und sah es sich
genau an. »Ein Kater«, stellte er fest. »Aus unserer Sied-
lung ist der nicht. So dreckig und verlottert . . .«
Jana schnappte sich den kleinen Kater und drückte ihn
vorsichtig an sich. »Er ist ganz verfroren. Und Hunger
hat er sicher auch.« Sie nahm ihn mit in die Küche und
stellte ihm ein Schüsselchen mit Milch hin.
Der kleine Weihnachtskater war wirklich hungrig. In
der warmen Küche trocknete sein Fell und Jana verlieb-
te sich augenblicklich in ihn. »Dich gebe ich nicht mehr
her!«, flüsterte sie.
Später packte Jana ihre Geschenke aus. Neben der Reitkappe fand sie einen Gutschein für den Unterricht und
zwei schöne Pferdebücher, einen dicken Pullover und
einen Trainingsanzug. »Na, doch noch überrascht?«,
fragte die Mutter leise.
»Oh ja, Mama. Danke. Aber die größte Überraschung ist
der Nicki.«
»Nicki?«

»Na, so heißt mein Weihnachtskater doch. Ich habe ihn
vorhin in der Küche mit Milch getauft.«

»Der ist doch nur zufällig da!«, protestierte die Mutter.

»Nach den Feiertagen bringen wir ihn ins Tierheim.
Aber vorher verteilen wir noch Zettel. Kann ja sein, dass
er jemandem entlaufen ist.«

Jana lächelte nur. Die Zettel konnten sie sich sparen.
Ihren kleinen Kater hatte bestimmt jemand ausgesetzt.

»Den hat mir der Weihnachtsmann gebracht«, behauptete sie. »Und ein Weihnachtsgeschenk kann man doch
nicht ins Tierheim bringen!«

»Ich denke, du glaubst nicht mehr an den Weihnachtsmann!«

»Seit heute wieder«, sagte Jana lachend. »Bei dem Be-
weis! Wo ist denn Nicki überhaupt?«

Der Kater hatte es sich inzwischen in Janas Reitkappe
gemütlich gemacht. Er schnurrte leise. Für Jana war es
undenkbar, den Kleinen aus seinem selbst erwählten
Platz zu vertreiben. Die Anprobe der Reitkappe würde
eben später stattfinden.

SOPHIE BRANDES

Ist Weihnachten denn ein trauriger Tag?

Wir laufen über knirschenden Schnee, der unsere Schritte verschluckt. Über die Brücke laufen wir. Das Flüsschen darunter ist zugefroren, nur am Rand, wo die Strömung ist, schimmert ein Riss im Eis wie eine dunkle Ader; dort wohnt eine Wasseramsel.

Dann die Brauereistraße entlang, meine Hand in der Hand von Omi. Die Schnur, an der meine wollenen Fäustlinge hängen, reibt mich am Hals. Omi schnauft beim Atmen, weil sie Asthma hat.

»Herrje, diese feuchte Witterung!«, jammert sie und bleibt stehen. »Ich muss mal Luft schnappen!«

Ich starre nach oben in den schwarzen Himmel über dem Kopf meiner Omi, dorthin, woher die Flocken fallen, ganz langsam erst und plötzlich, im Schein der

Straßenlampe, ganz rasch. Auf den wenigen Straßenlaternen rechts und links sitzen schon weiße Schneehauben. Ich zerre an Omis Hand, denn ich bin ungeduldig. Heute ist doch Weihnachten!

Die Häuser, an denen wir vorbeikommen, sehen aus wie schlafende Gesichter, mit all den zugezogenen Vorhängen, hinter denen mattes Licht schimmert. Ein Vorhang hat sich eben bewegt, dahinter habe ich es blitzen sehen. »Omi, sieh mal, dort blitzt es!«

Omi hat nichts gesehen, sie läuft mit gesenktem Kopf. Aber ich habe es blitzen sehen und weiß, so kann nur das Weihnachtsgeheimnis blitzen. Waren das vielleicht Sternchen von einem Sternwerfer? Oder hat da jemand gerade Lichter angezündet? Vielleicht habe ich sogar einen Zipfel vom Christkind gesehen oder glänzende Federn von einem Engelsflügel. Wenn ich das nur wüsste! Aber Geheimnis bleibt Geheimnis.

Wir waren in einer Kirche, die Omi die Christelkirche nennt. Dort gibt es einen Pastor, der auch aus Schlesien stammt, aus Waldenburg, genau wie wir. Ganz weiße Haare hat der Flüchtlingspastor und nur eine Hand. »Die andere hat er im Krieg verloren«, hat Omi mir erklärt und ich grüble darüber, wie man eine Hand verlieren kann, die doch fest angewachsen ist.

In der Kirche ist es so kalt gewesen, dass man den Atem in der Luft stehen sehen konnte. »Für Flüchtlinge wird

nicht geheizt«, hat Omi gesagt. Ganz böse hat das ge-
klungen, aber auch traurig.

Der Pastor mit der verlorenen Hand schien der einzige
Mann in der Kirche zu sein, sonst sah ich nur Frauen.
Sie trugen Kopftücher und haben Weihnachtslieder ge-
sungen und dabei geweint. Vor der Kirche haben sie
sich leise »Fröhliche Weihnachten« gewünscht. Eine
Frau hat Omi gefragt: »Haben Sie schon Nachricht von
Ihrem Sohn?« Omi hat gestöhnt und den Kopf geschüt-
telt.

Omis Sohn ist mein Onkel Hannes und von Wali weiß
ich, dass er noch in Russland ist. Vielleicht in den sibi-
rischen Sümpfen oder im Ural. Es muss jedenfalls sehr
weit weg sein, sonst würde Onkel Hannes doch zu
Weihnachten kommen, genau wie Papi, der auch noch
immer in Russland ist. Onkel Hannes hat Gedichte geschrieben und wollte später einmal Schriftsteller werden. Nun ist er vermisst und meine Omi weint abends
im Bett wegen ihm. Das weiß ich alles von Wali, meiner
Mama.

Ich weiß noch mehr: Dass wir Flüchtlinge sind und
unsere Heimat verloren haben. Manche von den Frauen
mit den Kopftüchern haben einen Mann verloren. Einen
Mann, eine Hand, eine Heimat verloren, grüble ich.
»Verliere bloß deine Handschuhe nicht!«, ermahnt mich
Wali oft, »sonst musst du schrecklich frieren.«

Ich weiß: Wenn man etwas Wichtiges verliert, friert man und muss weinen.

In der dunklen Weihnachtsnacht suche ich nach meinen Handschuhen. Aber die habe ich doch an, immer noch hängen sie an der Schnur um meinen Hals, die mich kratzt. Ich gehe nicht wieder mit Omi in die Christelkirche, denke ich bei mir. Die Kirche ist ein trauriges, kaltes Haus, in dem die alten Frauen weinen, obwohl dort Kerzen brennen und heute doch Weihnachten ist.

Ist Weihnachten denn ein trauriger Tag?

Nein, das kann nicht sein! Es ist doch der Tag, an dem das Christkindl kommt, an dem rote Kerzen an einem grünen Nadelbaum angezündet werden. An dem es etwas Gutes zu essen gibt und man etwas geschenkt bekommt. Ob ich auch etwas bekomme?

Wir sind jetzt ein Stück weitergelaufen auf dem glitzernden weißen Teppich. In die Bahnhofstraße sind wir eingebogen, dort wohnen wir. Auch hier leuchten Häusergesichter still und geheimnisvoll und plötzlich entdecke ich den ersten Baum mit brennenden Lichtern. Und dann noch einen. »Jetzt ist das Christkind gekommen«, sagt Omi und muss wieder stehen bleiben.

»Da ist noch einer, siehst du? Und da! Und da und da!«

Ich bin ganz aufgeregt, vergesse die kalte Kirche mit den traurigen Frauen. Schon vor Tagen habe ich einen Wunschzettel ans Fenster gehängt. Erst wusste ich

nicht, was ich mir wünschen sollte. Einen Strampelanzug für meinen Bären, der schon ganz abgewetzt ist und jetzt frieren muss? Ein Holzpferdchen, das ich in einem Schaufenster gesehen habe? Eine Strickliesel, in der man bunte Wollreste zu langen bunten Würsten stricken kann?

»Wir sind jetzt arme Leute«, hat meine Mama neulich gesagt. Sie arbeitet in einer Brauerei und muss in einem Eiskeller Eisklötze zerhacken.

»Was würdest du dir denn wünschen?«, habe ich Wali gefragt.

»Dass dein Papi wiederkommt.«

Wenn Wali von Papi spricht, muss sie auch weinen, ich hätte nicht fragen sollen. Mein Papi ist vermisst, genau wie Onkel Hannes. Wie mein Papi aussieht, weiß ich nur von einer Fotografie.

Auf den Wunschzettel habe ich ganz oben meinen Papi gemalt. Drunter einen Strampelanzug, für Wollbäckchen, meinen Bären. Und dann noch eine Puppe, damit Wollbäckchen nicht so allein ist.

Wir sind angekommen im Moserhaus, wo wir jetzt zu Hause sind. Omi kramt nach dem Schlüssel. Im dunklen Flur riecht es gut, denn das Moserhaus ist ein echtes Bäckereihaus. Omi jammert, weil sie den Lichtschalter nicht findet. Da geht die Stubentür auf und heraus tritt ein Mann. Das ist der Wastel. Den kenn ich, weil er mir

manchmal eine warme Brezel schenkt, in der Backstube, wenn ich ein Gedicht aufsage.

»Des passt!«, sagt er zu meiner Omi. »Grad wollt ich Ihnen was hochbringen.« Aus der hellen Stube hinter ihm dringen Lachen und Glockengeläut und es riecht nach Gebratenem.

»Für de Kloane«, sagt er und schenkt mir einen Mann aus Teig, mit Rosinenaugen, »und des ist für Sie. Frohe Weihnachten!«

»Ach danke«, sagt Omi und nimmt einen Kuchen entgegen. »Danke und auch Ihnen frohe Weihnachten!«

Auf der Treppe bleibt sie stehen, betrachtet den duftenden Zopfkuchen. »Es gibt doch manchmal gute Menschen, auch weit von zu Hause«, sagt sie.

Warum muss sie denn darüber bloß weinen?

Die Treppe ist lang und steil. Ob das Christkind so lange steile Treppen überhaupt hochsteigen kann? Vor unserer Tür liegt ein Strohsack, in dem es manchmal knistert. Darauf muss Tante Heidi schlafen, wenn sie mal zu Besuch kommt. Aber nicht, wenn Mäuse im Sack sind.

Ich bin gespannt. Aufgeregt. Den Hampelmann aus Rosinenteig drücke ich fest gegen meine Brust. Hinter der Tür, die dunkel verschlossen ist, wohnen wir, in einem Zimmer und einer Kammer. Wir drei. Durch das Schlüsselloch schimmert es gelb hindurch und drinnen

habe ich ein Glöckchen bimmeln gehört, hell und fröhlich. Wieder so ein Weihnachtsgeheimnis!

Und jetzt das größte Wunder: der Baum mit Lichtern! Genau wie in den anderen Häusern vorhin, nur noch schöner, noch wundersamer.

»Da staunt ihr zwei, was?«, sagt Wali und greift nach Omis und meiner Hand. »Dass das Christkind auch bei uns war!«

Ich staune. Erst später merke ich, dass kein Papi da steht, wo die Geschenke liegen.

Aber etwas anderes steht unter dem Baum: ein roter Sportwagen, gepunktet, mit einer silbernen Haltestange. Im dem sitzt Wollbäckchen und hat einen neuen warmen Strampelanzug an und ist nicht allein. Neben ihm sitzt eine Puppe, meine neue Puppe. Ich werde sie Bertchen nennen, eben ist mir der Name eingefallen. So eine wunderschöne blonde Puppe! Vor Freude umarme ich Wali.

»Wartet, ihr werdet noch mehr staunen!«

»Und das Christkindchen«, sage ich, »hast du's gesehen?«

Wali dreht uns den Rücken zu, und als sie sich wieder umwendet, ertönt hinter ihr Musik. Engelsgesang! Das ist jetzt schon das dritte oder vierte Weihnachtsgeheimnis! »Süßer die Glocken nie klingen als zu der Weihnachtszeit . . .«

»Herrjemine, ein richtiges Radio!« Omis Stimme wird ganz hoch vor Überraschung. »Wo hast du denn so viel Geld her?«

»Das ist doch vom Christkind«, erwidert Wali. Wie kann Omi nur so dumm fragen?

Weihnachtsmusik! Weihnachtsgeruch! Weihnachtswunder! Weihnachten ist doch kein trauriger Tag. Plötzlich fällt Omi der Wali um den Hals. »Ach, Tochterle«, schluchzt sie, »das ist jetzt schon das vierte Weihnachten ohne unsere Jungs! Wie mag es Hannes nur gehen und Waldemar? Ob sie noch leben?«

Wali schaut über Omis Kopf hinweg fest in den grünen Baum, auf dem rote Kerzen brennen und der so gut riecht. Sie hält Omi eine Weile fest und sagt dann: »Du musst jetzt nicht weinen, Memmi, sondern froh sein, dass wir drei gesund und am Leben sind. Vielleicht kommen unsere Männer wieder. Fröhliche Weihnachten wünsch ich dir!«

»Ich dir auch«, sagte Omi leise und greift nach meiner Hand.

MONIKA FETH

Charly

𝒟ie meisten in meiner Klasse feiern Weihnachten mit ihrer Familie. Familie, das bedeutet Vater, Mutter, Geschwister, vielleicht Onkel und Tanten, mindestens aber Opa und Oma.

Bei uns ist das anders. Geschwister habe ich nicht, Onkel Gernot und Tante Meike verbringen Weihnachten immer in ihrem Haus in der Bretagne, Opa Erwin und Oma Trude sind beide schon tot, Opa Guntram und Oma Marianne geschieden. Opa Guntram hat wieder geheiratet und kümmert sich nicht mehr um uns. Oma Marianne lebt in Amerika. Ich habe sie mit drei das letzte Mal gesehen und kann mich überhaupt nicht an sie erinnern. Als ich noch klein war, habe ich mir Großeltern erfunden und meine Eltern damit zur Verzweiflung gebracht.

Mein erfundener Großvater liebte meine erfundene Großmutter abgöttisch. Wenn sie mit uns am Tisch saßen, hielten sie Händchen und flüsterten wie ein Liebespaar. Sie überhäuften mich mit Geschenken und waren kein bisschen enttäuscht, wenn ich etwas angestellt oder später zum Beispiel Fehler im Diktat hatte. Dann, irgendwann, haben sie sich in Luft aufgelöst. Sie waren einfach nicht mehr da.

Ungefähr um die Zeit habe ich Charly kennen gelernt. Charly sieht aus wie hundert, er riecht wie unser Hund und wohnt überall und nirgends, am liebsten im Stadtpark. Wir hatten Zeugnisse bekommen. Meins war genauso schlecht, wie ich es erwartet hatte, und ich setzte mich ein bisschen an den Schwanenteich im Park, um Mut für den Heimweg zu sammeln. Meine Eltern sind beide Lehrer und ich überlegte fieberhaft, wie ich ihnen dieses Zeugnis schmackhaft machen konnte.

»Schlechte Nachrichten?«, fragte Charly, von dem ich damals natürlich noch nicht wusste, dass er so hieß. Er setzte sich zu mir und stopfte zwei volle Plastiktüten und einen prallen Rucksack unter die Bank. Ich hielt ihm das Zeugnis hin. Er las es und schnalzte mit der Zunge. Dann gab er es mir zurück. »Die klügsten Männer«, sagte er, »hatten solche Zeugnisse.«

Damit begann unsere Freundschaft. Vor meinen Eltern, die sehr auf guten Umgang achten, hielt ich sie geheim.

Vor allen andern auch. Sollten sie doch ihre Großväter haben – ich hatte Charly, und Opa Guntram konnte mir gestohlen bleiben.

Es kam das Jahr mit dem außergewöhnlich strengen Winter. Charly kroch manchmal in Hausfluren unter oder in der Einkaufspassage, wo es windgeschützt war. Es gab zwar im Nachbarort ein Haus für Leute wie ihn, doch das schob er so lange wie möglich hinaus. »Ich bin mein eigener Herr«, sagte er, »und das will ich auch bleiben.« Ich hatte ihm angeboten ihn heimlich in mein Zimmer zu schleusen. Aber er wollte nicht. »Ich brauche Luft«, sagte er. »Außerdem kann ich kreischende Frauen nicht ausstehen.« Damit meinte er meine Mutter, obwohl ich sie erst einmal kreischen gehört habe. Das war, als ich unserem Hund die Haare geschnitten hatte und er aussah wie ein Punker auf vier Beinen.

Es war nur noch eine knappe Woche bis Weihnachten und Charly schlurfte neben mir durch die Fußgängerzone und betrachtete mürrisch die Girlanden aus Tannenzweigen, in denen winzige Lichter wie tausend Glühwürmchen steckten. *Stiiihille Naaacht* klang es aus der Kaufhalle, *Leise riiieselt der Schnee* aus dem Woolworth. »Eigentlich funktioniert mein Leben prächtig«, knurrte Charly und wich fluchend einem Nikolaus aus, der Süßigkeiten verteilte. »Nur um die Weihnachtszeit mit ihrem Dumdideldei und Trallala stürze ich regel-

mäßig ein.« Er hatte eine Schnapsfahne. Seine Schritte waren unsicher und schwer.

Ja, und da erfand ich die Einladung meiner Eltern zu Heiligabend. Sonst wäre Charly nie zu uns gekommen.

»Du meinst, sie wollen das wirklich?«, fragte er und riss die Augen auf.

»Klar«, sagte ich. »Was ist denn daran so besonders?«

Charly schüttelte den Kopf. »Das fragst du doch nicht im Ernst?«, sagte er und kratzte sich den Bart. Es hörte sich an wie bei unserem Hund, wenn er Flöhe hat.

Meinen Eltern hatte ich erzählt, dass ein Überraschungsgast kommen würde.

»Ein Überraschungsgast?«, fragte meine Mutter. »Wer?«

»Dann ist es ja keine Überraschung mehr«, sagte ich.

Mein Vater vertritt die Meinung, dass man seinen Kindern unbedingt vertrauen muss. Das konnte er jetzt schlecht zurücknehmen. »Also gut«, sagte er, klopfte mir auf die Schulter und lächelte sein mildes Vorweihnachtslächeln. »Lassen wir uns überraschen.«

Charly hatte sich den grauen Bart gestutzt und ihn wohl auch gebürstet, denn so glatt hatte ich ihn noch nie gesehen. Er stand vor der Tür und roch nach Parfüm. Ich hielt ihm die Tür auf, aber er trat sich erst ewig lange die Schuhe auf der Fußmatte ab. Auch die Schuhe schien

er gebürstet zu haben, denn sie glänzten beinah. Das Loch an der rechten Schuhspitze fiel dadurch fast gar nicht mehr auf. Und dann stand er in der Diele, nahm die Mütze vom Kopf und drehte sie unschlüssig in den großen, von der Kälte bläulich verfärbten Händen.

Meine Mutter und mein Vater kamen beide gleichzeitig aus der Küche, aus der es schon verlockend nach Braten duftete. Sie blieben beide gleichzeitig stehen, als hätte sie der Schlag getroffen.

»Das ist Charly«, sagte ich und nahm Charlys Hand. Ich spürte die raue, schwielige Hand und darunter den Frost von draußen.

»Oh«, sagte meine Mutter und zupfte an ihrer Bluse. In diesem Augenblick schoss unser Hund aus dem Wohnzimmer hervor. Er ist schon ziemlich alt und hört die Klingel nicht mehr, wenn er gerade schläft. Reichlich verspätet kläffte er den fremden Besucher an und Charly ließ mich los und hielt ihm die Hand hin.

»Na, mein Alter«, sagte er und ließ sich ächzend auf die Knie nieder, damit der Hund ihn auch im Gesicht und am Hals beschnüffeln konnte. »Wie heißt du denn?«

»Einfach *Hund*«, sagte ich.

»Jawoll!« Charly grinste. »Dagegen stinken diese ganzen Hektors, Bellas, Lumpis und Biancas ganz schön ab.« Der Hund leckte ihm übers Gesicht, legte sich nieder und schloss zufrieden die Augen. »Ach ja«, Char-

ly kam umständlich wieder auf die Füße, »natürlich
habe ich ein Weihnachtsgeschenk mitgebracht.« Er griff
in seine Manteltasche, zog ein zerknülltes Päckchen
heraus und gab es meiner Mutter. »Bitte sehr. Und recht
vielen Dank auch für die freundliche Einladung.«
Ich starrte den Hund an, um nicht meinen Eltern in die
Augen sehen zu müssen.
»Oh«, sagte meine Mutter wieder. Sie hatte das Geschenk ausgepackt und hielt nun ein kleines, mit Blumen bemaltes Porzellandöschen in der flachen Hand.
»Wie hübsch.« Übersetzt bedeutet das, dass sie es kit-
schig fand. Die Hälfte aller Geschenke wandert bei uns
in irgendwelche Schränke, wird ab und zu hervorge-
holt, wenn der Schenker zu Besuch kommt, und verschwindet dann wieder in die Versenkung.
»Wollen Sie nicht ablegen?«, fragte mein Vater und streckte die Hand nach Charlys Mantel aus. Als Charly sich aus
dem Mantel schälte, wölkte kurz sein vertrauter Geruch
unter dem Parfümduft hervor. Der Hund wich nicht von
seiner Seite. Auch beim Essen lag er neben seinem Stuhl.
»Wie lange kennen Sie unseren Sohn denn schon?«,
wollte mein Vater wissen.
»Seit Urzeiten«, sagte Charly und stopfte sich die Serviette in den Kragen. Er besaß zwei Hemden, ein normales
und eins für besondere Anlässe. Heute hatte er das für
besondere Anlässe angezogen. »Stimmt's, Marc?«

Ich nickte. Mir kam es auch wie Urzeiten vor. Charly aß in einem Wahnsinnstempo. Er schien ganz ausgehungert zu sein. Meine Eltern beobachteten seine Tischmanieren, die keine waren, mit eisigen Mienen. Eine Zeit lang sagte niemand etwas.

»Und wie haben Sie sich . . . kennen gelernt?«, fragte meine Mutter schließlich. Sie sprach das Wort aus, als hätte es eine ansteckende Krankheit.

»Er saß im Park und traute sich nicht nach Hause.« Charly sagt immer die Wahrheit. Er ist zu alt und zu heruntergekommen, um sich die Mühe zu machen höfliche Lügen zu erfinden, jedenfalls hat er es mir mal so erklärt.

»Er traute sich nicht *nach Hause?*« Meine Mutter legte Messer und Gabel klirrend auf dem Teller ab. »Warum, um alles in der Welt, sollte er sich nicht nach Hause trauen?«

»Zeugnis«, brummte Charly und nahm sich ein drittes Mal von den Kartoffeln. Mein Vater gab ihm noch ein Stück Braten. Charly pulte sich einen Fleischfaden aus den Zähnen und aß weiter.

»Wär einfacher für den Jungen, wenn Sie einen anderen Job hätten als ausgerechnet Lehrer«, sagte er und langte nach der Schüssel mit dem Rosenkohl. »So was ist ziemlich deprimierend für ein Kind.«

Meine Mutter machte ihr Muss-ich-mir-so-was-von-so-jemand-sagen-lassen-Gesicht und warf mir einen vor-

wurfsvollen Blick zu. Ich hatte es auch so bemerkt: Charly war in unsere gepflegte Heiligabendstimmung geplatzt wie ein Gewitterregen. Aber ich mag Gewitter, dachte ich trotzig, füllte Charlys Schälchen bis zum Rand mit Schokoladenpudding und klatschte noch einen Haufen Sahne obendrauf. Und ich mag Charly. Gut, er passt nicht zu den Spitzendeckchen, den Tibet-Teppichen und den handgedrehten Bienenwachskerzen, er sitzt wie ein tapsiger Bär am Tisch und stützt die Ellbogen beim Essen auf, aber jedes Mal, wenn er lacht, ist es, als würde die Sonne ins Zimmer scheinen.

Meine Eltern sahen das offenbar anders. Sie bemühten sich krampfhaft darum, ein Gespräch in Gang zu bringen, doch nichts, was Charly sagte, schien ihnen zu passen. Unterm Tisch schmatzte der Hund, den Charly abwechselnd mit Fleisch und Kartoffeln versorgte.

»Kaffee?«, fragte meine Mutter nach dem Essen.

»Lieber was Stärkeres, wenn Sie haben«, sagte Charly.

»Wir trinken nicht«, sagte meine Mutter mit spitzen Lippen.

Ich holte den Cognac aus dem Wohnzimmerschrank und goss Charly ein. »Nicht, Junge«, sagte Charly leise, aber die Kälte saß ihm offenbar noch so in den Knochen, dass er das Glas in einem Zug leerte.

»Jaaa«, sagte meine Mutter und trommelte fast geräuschlos mit den Fingern auf den Tisch.

»Jaaa«, sagte mein Vater. Mehr fiel ihnen nicht ein.

Charly hat sich bedankt, seinen Mantel angezogen und ist gegangen.
»Wie konntest du nur?«, fragte mein Vater.
»Uns so in Verlegenheit zu bringen«, sagte meine Mutter.
Ich sah auf Charlys leeren Stuhl. Es kam mir so vor, als wäre es von einer Sekunde auf die andere düster geworden im Zimmer.
»Sage mir, mit wem du umgehst, und ich sage dir, wer du bist.« Meine Mutter fing an den Tisch abzuräumen. Als sie Charlys Serviette aufhob, verzog sie angewidert den Mund.
Ich nahm meine Jacke, rief nach dem Hund und lief aus dem Haus. Charly war noch nicht weit gekommen, wir holten ihn mühelos ein.
»Marc«, sagte er überrascht.
Wir gingen in den Park. Der Hund setzte den Stöcken nach, die wir ihm warfen. Charly lachte und seine Stimme kletterte an den nackten Bäumen empor. Schnee fiel, weiß und still, weißer, stiller Heiligabendschnee. Irgendwann würde ich zurückgehen müssen, aber daran wollte ich jetzt nicht denken und Charly erinnerte mich nicht daran.

KATHARINA KÜHL

»Wawuff«

Eine Weihnachtsgeschichte

Der Morgen verlief genau wie der vorherige. Und wie der folgende verlaufen würde. Und der darauf folgende. Der alte Mann stand um sieben Uhr auf. Er ging nach unten in die Küche, setzte den Kessel mit Wasser auf. Er maß genau zwei Löffel Kaffeebohnen ab, mahlte sie in der alten Handmühle. Er tat das Kaffeemehl in den Filter und ließ Wasser darüber laufen. Natürlich hätte er ebenso gut einmal später aufstehen können. Besonders jetzt, in den Wintermonaten. Er tat es nicht. Veränderungen waren ihm verhasst.

Nachdem er seinen Kaffee getrunken, den Becher ausgespült und umgekehrt auf das Abtropfblech der Spüle gestellt hatte, machte er sich für seinen täglichen Aus-

gang bereit. Auch das geschah immer in der gleichen Weise und in der gleichen Reihenfolge. Als Erstes tauschte er im Flur die Hauspantoffeln gegen feste Stiefel. Darauf zog er seine Joppe an, knöpfte sie bedächtig zu und setzte sich die Schirmmütze auf den Kopf. Schließlich griff er in die Keksdose auf der Anrichte, wo er sein Portmonee mit dem Wirtschaftsgeld aufbewahrte.

Bevor er das Haus verließ, rückte er noch einmal seine Mütze zurecht. Er schloss die drei Schlösser der Tür auf, trat hinaus und schloss sie von außen sorgfältig wieder zu. Misstrauisch äugte er nach allen Seiten, um zu prüfen, ob diese Ungeheuer nicht schon wieder Abfall in seinen Garten geworfen hatten. Und tatsächlich: Da lagen eine Cocadose, etliche Bonbonpapiere, ein Apfelknust, ein Gummiball. Der alte Mann bückte sich, sammelte alles auf und warf es in die Mülltonne. Auch den Ball. Was gingen ihn schließlich die dummen Spielzeuge der Kinder an. Sollten sie eben besser darauf aufpassen, die verdammten Gören!

Kinder waren dem alten Mann ein Greuel. Er wusste, wie sie ihn nannten in der Nachbarschaft. »Griesgram« nannten sie ihn. Er hatte es oft genug gehört. Der alte Mann schnaufte grimmig. Sollten sie nur! Ihm war es recht. Er gehörte jedenfalls nicht zu diesen Tattergreisen, die sich bei dem Jungvolk auch noch anbiederten

mit solch überflüssigem Gesäusel wie »Nein, wie bist du groß geworden!« oder »Was willst du denn später mal werden?«. Alles Mumpitz. Es war ihm egal, was sie alle miteinander wurden, diese Nichtsnutze!

Der alte Mann stapfte den Plattenweg hinunter, wobei er krampfhaft vermied den Nachbarzaun ins Blickfeld zu bekommen. Orange angestrichen! Ein Holzzaun! Als Otto noch da wohnte, war das ein altes, schönes Haus gewesen, genau wie seines. Aber Otto gab es nicht mehr und die neuen Nachbarn hatten ein dämliches Kasperletheater aus dem Haus gemacht. Glücklicherweise war es ihm bisher gelungen, jeden Kontakt mit den Leuten zu vermeiden. Er war allein und wollte auch allein bleiben.

Er hätte seine Strickweste unterziehen sollen, dachte er jetzt. Es wurde schon empfindlich kalt. Dezemberkalt. Feuchte Luft, die seinem Ischias nicht gut tat. Trotzdem nahm er den Weg durch das Gehölz. Der war zwar länger als der über die Straße, dafür brauchte man sich aber nicht von Abgasen einnebeln zu lassen. Stinkende Blechdosen. Sollte man verbieten.

Der alte Mann hatte das Wäldchen bald hinter sich gelassen, überquerte jetzt die Kreuzung und betrat den kleinen Eckladen. Es war der Einzige, der den vielen Supermärkten noch nicht hatte weichen müssen. Er kaufte zwei Brötchen, ein Stück Hartwurst, die Zeitung,

Tabak und Streichhölzer. Missbilligend nahm er die Weihnachtsdekoration im Laden wahr.

Ließ sich leider nicht übersehen. Tannenzweige aus Plastik, kitschige Sterne und überall dümmlich dreinschauende Weihnachtsmänner. Alberner Schnickschnack! Wenn sie keinen richtigen Tannenbaum aufstellen können, sollen sie es doch ganz lassen! Alles unecht und verlogen heutzutage! Vor sich hin brummelnd, verließ der alte Mann den Laden.

Auf dem Rückweg, den er wieder durch das Gehölz nahm, hatte er plötzlich das unbestimmte Gefühl, verfolgt zu werden. Er sah sich um. Nichts. Vielleicht hatte er sich ja geirrt. Er setzte seinen Weg fort. Und wieder spürte er es. Diese verdammten Gören wollten ihm wohl wieder mal einen Streich spielen! Doch nein, um diese Zeit waren die noch in der Schule. Aber wer folgte ihm dann?

Abrupt blieb er stehen. Drehte sich um. Wieder nichts. Aber er wusste, da war etwas. Eine Bewegung. Ein Rascheln in den dürren Blättern. Und dann sah er, was es war. Nur ganz kurz. Aber er hatte immer noch scharfe Augen. Es war ein Hund. Ein abgemagerter, räudiger, alter Hund, der jetzt zögernd näher kam. Der alte Mann stampfte ärgerlich mit dem Fuß auf, worauf sich das Tier wieder mit einem Satz in das Gebüsch zurückzog. Ein dämlicher, alter Köter! Der hatte ihm gerade noch

gefehlt! Der alte Mann drehte sich um und ging nach
Hause.

Am nächsten Tag, er war auf seinem Weg zum Einkaufen, tauchte der Hund an der gleichen Stelle wieder auf. Als wenn er auf ihn gewartet hätte. Der Hund
ließ ihn vorbei, folgte ihm dann stetig in immer glei-
chem Abstand. Bevor der alte Mann die Kreuzung
überquerte, verschwand er, um prompt zur Stelle zu
sein, sobald der alte Mann mit seinen Einkäufen zu-
rückkam. Bis kurz vor sein Haus folgte er ihm, dann
war er plötzlich verschwunden. Doch er war da. Ganz
in der Nähe. Der alte Mann spürte das. Er überraschte
sich dabei, wie er mehrmals aus dem Küchenfenster
nach ihm Ausschau hielt. Doch der Hund blieb wie
vom Erdboden verschluckt. Sobald der alte Mann
aber am Morgen das Haus verließ, war er wieder da.
Er begleitete ihn bis zur Kreuzung, kam wieder mit
ihm zurück, Tag für Tag.
Der alte Mann hatte es inzwischen aufgegeben, den
Hund loswerden zu wollen. Es war zwecklos. Der Hund
ließ sich nicht verjagen. Er folgte ihm wie ein Schatten.
Er sah erbärmlich aus.
Und eines Morgens tat der alte Mann plötzlich etwas,
was er gar nicht wollte: Er holte eines seiner Brötchen
aus der Tüte und warf es dem Hund hin. Der Hund

schnappte danach und schlang es gierig herunter. Der alte Mann setzte seinen Weg fort, blieb jedoch noch einmal stehen und wandte sich um. Der Hund war ebenfalls stehen geblieben und sah ihn stumm an. Er hatte große, bernsteinfarbene Augen.

Am nächsten Morgen hatte der alte Mann drei Brötchen in der Tüte. Der Hund bekam zwei davon. Am Morgen darauf bekam er auch die Wurst. Der alte Mann hatte sie aus Gewohnheit gekauft. Obwohl er an diesem Tag keinen rechten Appetit hatte. Vielleicht lag das am Wetterumschwung. Es war ungewöhnlich mild geworden. Zu mild für den Dezember. Der alte Mann fühlte sich eigenartig schlapp. Er beschloss sich ein wenig auf der Bank auszuruhen, auf der er im Sommer immer Rast machte. Nur einen Moment.

Als er sich hinsetzte, setzte sich auch der Hund. Ein paar Meter entfernt. Zum ersten Mal sah ihn sich der alte Mann genauer an. Es war eine Promenadenmischung. Das krause Fell vielleicht von einem Terrier, Ohren und Schwanz von einem Setter. Schwarzgrau. Und so mager, dass sich die Knochen unter dem struppigen, ungepflegten Fell abzeichneten. Nur die Augen waren klar und schön.

Der alte Mann warf dem Hund sein letztes Brötchen zu. Dann erhob er sich ächzend und setzte seinen Weg fort. Er fühlte sich trotz der Rast müde. Seine Gelenke taten

ihm weh. An seiner Gartenpforte angelangt, war von dem Hund nichts mehr zu sehen.

Am nächsten Morgen, als der alte Mann aufwachte, war ihm abwechselnd heiß und kalt. Seine Glieder fühlten sich bleischwer an. Trotzdem wollte er wie gewohnt einkaufen gehen. Beim Anziehen der Stiefel wurde ihm schwindlig. Er zog die Stiefel wieder aus. Er würde sich eben einen heißen Fliederbeersaft machen, wieder ins Bett gehen und abwarten, bis es ihm besser ging. Seine Nachbarn um Hilfe bitten, darauf kam er gar nicht. Ärzten misstraute er ohnehin. Er würde auch so bald wieder auf dem Damm sein.

Es dauerte jedoch mehrere Tage, bis es dem alten Mann besser ging. Er hatte jegliches Zeitgefühl verloren. In der Küche sah er auf die Kalenderuhr. Ein Werbegeschenk der Sparkasse. Auch so ein Schnickschnack. Aber jetzt war sie ihm zum ersten Mal nützlich. Der 23. Dezember. Du liebe Güte! Ein Tag vor Heiligabend. Wie die Zeit vergangen war! Der alte Mann machte sich nichts aus Weihnachten. Ganz im Gegenteil! Für ihn war es ein Tag wie jeder andere. Aber die Leute draußen würden verrückt spielen. Einkaufen, als wenn eine Hungersnot drohte. Scheußliche Vorstellung! Dem alten Mann graute vor dem Gedränge. Die Geschäfte würden jedoch drei Tage geschlossen sein. Er musste heute einkaufen gehen.

Immer noch zittrig auf den Beinen, zog er sich an. Es dauerte eine Weile. Die Stiefel, die Joppe, die Schirm-mütze. Er schloss die Tür auf.

Da saß der Hund. Der alte Mann hatte nicht mehr an ihn gedacht. Der Hund machte einen noch erbärmlicheren Eindruck als vorher. Er sah den alten Mann stumm und unverwandt an.

»Ja, nun«, sagte der alte Mann und zog die Tür auf. Der Hund lief wie selbstverständlich hinein. Der alte Mann machte die Tür wieder zu. Er folgte dem Hund in die Küche. Plötzlich fühlte er sich etwas schwach. Noch mit Joppe und Mütze ließ er sich auf einen Stuhl fallen.

Der Hund unterbrach seine Schnüffeltour und trottete auf den alten Mann zu. Dicht vor ihm blieb er stehen. Er sah mit seinen Bernsteinaugen zu ihm auf, wedelte probehalber ein wenig mit dem Schwanz und legte ihm schließlich seinen struppigen Kopf auf die Knie.

Der alte Mann streckte langsam seine Hand aus und fuhr dem Hund damit ungeschickt über den Kopf. »Du siehst ja ganz schön heruntergekommen aus«, murmelte er. »Bist auch nicht mehr der Jüngste, was? Da können wir uns ja die Hand reichen. Oder meinetwegen die Pfote!«

Der Hund kannte wohl das Wort. Er legte dem alten Mann die Pfote auf die Knie. Der ergriff sie und lachte rau. Es war lange her, seit er das letzte Mal gelacht hatte. »Wie heißt du denn, hm?«, fragte er.

»Wawuff!«, machte der Hund.

»Wawuff«, wiederholte der alte Mann. »Wenn das ein Name ist, meinetwegen!« Plötzlich wurde er munter und stand auf. »Ich weiß, was wir machen!«, sagte er. Er holte das Telefonbuch, suchte die Nummer des Einkaufladens heraus und gab eine Bestellung auf. Zur Lieferung nach Hause. Es war eine große Bestellung. Viel mehr, als der alte Mann üblicherweise zu kaufen pflegte. Aber ihm war plötzlich nach ein paar guten Dingen. Und er war ja jetzt nicht mehr allein.

»So, das wäre erledigt!«, sagte er zu dem Hund. »Die kommen gleich. Jetzt zu dir. Es muss ja alles seine Ordnung haben!«

»Wawuff!«, machte der Hund.

Der alte Mann wählte die Nummer der Polizei. Er fragte, ob jemand einen Hund als vermisst gemeldet hätte. Die Antwort war, nein. Man verwies ihn an das Tierheim. Wieder blätterte der alte Mann in dem Telefonbuch. Fand schließlich die Nummer, wählte erneut. Der Hund sah ihm dabei zu.

Nach langem Läuten wurde endlich am anderen Ende abgehoben.

Eine Männerstimme: »Städtisches Tierheim . . .?«

»Ich wollte mal fragen«, begann der alte Mann, ohne sich näher zu melden, »ob ein Hund vermisst wird!«

»Ein Hund vermisst? Machen Sie Scherze?«, fragte die

Stimme bitter. »In der Weihnachtszeit werden keine Hunde vermisst, da werden sie ausgesetzt! Weil sie nämlich plötzlich lästig sind, wenn die Familie verreisen will, verstehen Sie?«

Nein, das verstand der alte Mann nicht.

»Haben Sie ein Tier aufgelesen?«, fragte der Mann jetzt.

»Mir ist ein Hund zugelaufen!«, bestätigte der alte Mann.

»Was ist das für ein Tier? Hundemarke? Eine bestimmte Rasse?«

»Keine bestimmte Rasse! Und keine Hundemarke!«

»Wie üblich!«, sagte die Stimme. »Es ist immer dasselbe! Ein junger Hund?«

»Eher alt. Ein Mischling und ziemlich heruntergekommen.«

»In keinem guten Zustand also!«, befand die Stimme. »Ja, wir sind zwar überbelegt, haben kaum noch Platz, aber Sie können ihn natürlich herbringen!«

Irgendetwas an dem Tonfall der Stimme gefiel dem alten Mann nicht. »Was passiert dann mit dem Tier?«, fragte er.

»Wenn es ein altes Tier ist, lässt es sich nicht mehr vermitteln. Alte Tiere will keiner haben. Und wir sind, wie gesagt, schon überbelegt. Wir werden ihn wohl einschläfern müssen.«

Der alte Mann legte grußlos auf. »Herzlose Bande, ihr

alle miteinander!«, schimpfte er. »Setzt Tiere aus, weil
sie euch stören. An Weihnachten! Ausgerechnet! Eurem
Fest der Liebe! Und schläfert sie ein, weil sie alt sind!«
Er beugte sich zu dem Hund herunter und kraulte ihm
das Nackenfell. Der Hund hielt ganz still.

Der alte Mann richtete sich auf. Es ging ihm wieder gut.
So gut wie seit langem nicht mehr. »Nur weil sie alt
sind!«, murmelte er noch einmal kopfschüttelnd. Er
zwinkerte dem Hund zu. »Aber wir werden das nicht
zulassen, was?!«

»Wawuff!«, machte der Hund.

Register

Ute Andresen, *Wichtel wichteln ganz geheim.* © Ute Andresen.

Ludvig Askenazy, *Der lebendige Weihnachtsbaum* aus: Ludvig Askenazy/Helme Heine, »Du bist einmalig«. © Middelhauve Verlag, München.

Barbara Bartos-Höppner, *Der Wunschzettel oder Das Christkind ist da* aus: dies., »Schnüpperle. Vierundzwanzig Geschichten zur Weihnachtszeit«. © C. Bertelsmann Jugendbuch Verlag, München 1969.

Nortrud Boge-Erli, *Der Klettenklaas.* Originalbeitrag. © Arena Verlag GmbH, Würzburg.

Kirsten Boie, *Der Tannenbaum* aus: dies., »Alles ganz wunderbar weihnachtlich«. © Friedrich Oetinger Verlag, Hamburg 1992.

Sophie Brandes, *Ist Weihnachten denn ein trauriger Tag?* Originalbeitrag. © Arena Verlag GmbH, Würzburg.

Jutta Butschkau, *Der Adventskalender* aus: Berta Hofberger (Hrsg.), »Der Stern im Brunnen«. © Ehrenwirth Verlag GmbH, München.

Dagmar Chidolue, *Millie und der Adventskalender* aus: dies., »Milli feiert Weihnachten«. © Cecilie Dressler Verlag, Hamburg.

Barbara Cratzius, *Der neue Engel.* aus: dies., »Winter im Kindergarten«. © Verlag Herder, Freiburg, 12. Auflage 1997.

Hans Fallada, *Lüttenweihnachten* aus: ders., »Gute Krüseliner Wiese rechts und 55 andere Geschichten«. © Aufbau-Verlag, Berlin – Weimar 1991.

Monika Feth, *Charly.* Originalbeitrag. © Arena Verlag GmbH, Würzburg.

Roswitha Fröhlich, *Wie Joschi zu seinem Meerschweinchen kam.* © Roswitha Fröhlich.

Peter Hacks, *Nikolaus erzählt.* © Peter Hacks.

Heinrich Hannover, *Von der Laterne, die ein Sternlein werden wollte.* © Heinrich Hannover, 1975. (Literarische Agentur Liepman AG, Zürich.)

Isolde Heyne, *Janas Überraschung.* Originalbeitrag. © Arena Verlag GmbH, Würzburg.

Mira Lobe, *Ronnis allererster Advent*. © Claudia Lobe-Janz, München.

Wilhelm Matthiessen, *Die Geschichte von den Lebkuchen* aus: ders., »Der bunte Kuckuck«. © Verlag Herder, Freiburg 1990.

Lene Mayer-Skumanz, *Weihnachtsgeschenke*. © Lene Mayer-Skumanz.

Gudrun Mebs, *Annes Geschenke*. © Gudrun Mebs.

Angelika Mechtel, *Der Engel auf dem Dach* aus: dies., »Der Engel auf dem Dach und andere Weihnachtsgeschichten«. © Loewes Verlag, Bindlach 1989.

Eva Rechlin, *Das Wegzeichen*. © Eva Rechlin.

Regine Schindler, *Der verschwundene Tannenbaum* aus: dies., »Auf der Straße nach Weihnachten«. © Verlag Ernst Kaufmann, Lahr.

Ellen Schöler, *Der Weihnachtsstern*. © Esther Schöler.

Else Tümmel, *Der erste Strohstern* aus: Gertrud Mielitz, »Sei uns willkommen schöner Stern«. © Verlag Ernst Kaufmann, Lahr.

Ingrid Uebe, *Adventskranz* aus: dies., »Das große Weihnachts-ABC. 26 Geschichten für die schönste Zeit des Jahres«. © Arena Verlag GmbH, Würzburg 1996.

Fredrik Vahle, *Der kleine Bär und die lange kalte Winternacht* aus: Fredrik Vahle/Pierre Thomé, »Der kleine Bär und die lange kalte Winternacht«. © Middelhauve Verlag, München.

Lisa Wenger (1905), *Der Esel des St. Nikolaus* aus: »Das blaue Märchenbuch«. © Verlag Huber, Frauenfeld.

Ursula Wölfel, *Nikolaus und Nikolaus* aus: »Wunder der Welt, 2. Schuljahr«. © Cornelsen Verlag, Berlin 1968.